JN124357

新版 社会福祉概論〔第3版〕

編著 金子光一

共著 圷　洋一・後藤広史・山本真実・本多　勇
　　　相馬大祐・小櫃俊介・髙山惠理子・岡田哲郎
　　　門美由紀・小倉常明・菅野道生

建帛社
KENPAKUSHA

　本書は，管理栄養士・栄養士養成のための社会福祉の概論書として刊行されたものである。2010（平成22）年12月，管理栄養士国家試験出題基準（ガイドライン）が改定され，「社会・環境と健康」の中に「保健・医療・福祉の制度」が大項目として位置づけられた。「社会・環境と健康」の出題のねらいには「保健・医療・福祉制度や関係法規の概要についての基礎的知識を問う」とあり，本書はそのねらいに応えるものである。管理栄養士・栄養士を目指す学生の皆さんにぜひご活用頂きたい。また同時に，「社会福祉学概論」等関連科目を開講している大学・短期大学・専門学校においても，社会福祉の概論書として広くご活用頂けるように，社会福祉の諸制度とその動向を網羅的に紹介している。

　日本の社会福祉は今，大きな岐路に立たされている。社会変動によって多様化・高度化するニード，人間本来の差異や社会構造の変化によって生じる排除や社会的格差に対して，社会福祉は何ができるのであろうか。広く人びとの生活の質の向上に貢献するために必要なことは何であろうか。

　これに対して私は次のように考える。まず，社会福祉の価値を理解することである。価値を理解することによって他者と協同して，よりよい共生社会を構築することができる。第二に，対象やそれを取り巻くシステムを学修することである。生活困窮者や子ども，高齢者や障害者，介護を必要とする人びとが，どのような状況に置かれているかを理解し，個々人が抱えている諸課題を社会の問題として把握することが重要である。第三に，社会福祉の実践，すなわちソーシャルワークを学ぶことである。本書では特に重要と考える医療と地域を基盤としたソーシャルワークに限定したが，社会福祉の実践はそれにとどまるものではない。またそれぞれの実践が関係するさまざまな専門職の活動と連携していることも理解しなければならない。とりわけ保健・医療との連携は今日の社会福祉実践において核となるものである。最後に，災害等により生活の基盤を失い社会の枠から漏れてしまった人びとや，外国から日本に移住して偏見や差別を受けている人びとに対する社会資源をどのように構築するかを考えることである。これからの社会福祉は，そこで暮らす一人ひとりの生活を重視し，多様な価値観を受け入れながら展開していかなければならない。

以上の考えに基づいて，本書の構成の枠組みは，大きく「価値」「対象・システム」「ソーシャルワーク」「保健」「資源」に分けた。「価値」にあたるのが序章および第1・2章，「対象・システム」にあたるのが第3〜7章，「ソーシャルワーク」にあたるのが第8・9章，「保健」にあたるのが第10・11章，「資源」にあたるのが第13・14章である。またそれぞれの章は，概ね「基本的な考え方（理念）」「現状（法的根拠）」「課題（展望）」の三つの柱で構成されている。読者の皆さんの一助となれば幸いである。

　最後になったが，本書の企画趣旨をご理解頂き，執筆にご協力頂いた11名の方々に，この場を借りて深くお礼申し上げる。

2014年11月

編者　　金 子 光 一

新版第3版刊行にあたって

　2014年12月の新版発行より早いもので6年あまりが経過した。この間，2018年2月に〔第2版〕を刊行したが，さらにそれから3年の月日が経った。本書の構成の枠組みは，初版刊行の段階で「価値」「対象・システム」「ソーシャルワーク」「保健」「資源」と設定したが，今日の新型コロナウイルス感染症の拡大によって，そのすべての枠組みでこれまでとは異なる新たな対応が求められている。とりわけ，コロナのリスクと危機が，潜在化していた分断・排除・対立，社会的脆弱性などを表面化させ，深刻な社会問題となっている状況を直視しなければならない。世界が直面する危機的状況にあって，いま社会福祉は何ができるのか，果たすべき役割と価値を今一度十分に検証する必要性を痛感している。コロナ禍で顕在化した課題の多くは，コロナが収束した後の時代も残り続け，解決が求められるものである。そのことを十分認識しながら，これからの社会福祉を考えなければならない。

　新版第3版はそうしたことを意識して刊行するものである。

2021年8月

編者　　金 子 光 一

社会福祉概論
目　次

社会福祉の概念－生活者を取り巻く課題

1. 福祉マインドの涵養

　社会福祉学は，社会福祉の価値を踏まえ，その固有の視点である政策と実践，およびその相互連関システムとして成り立つものである。具体的にいえば，価値とは，生活文化，生活の質，利用者理解などの基本的な理念であり，政策とは，法制度にとどまらず，計画，参加システム，サービス供給体制を含むものである。実践とは，問題の解決に向けた個人支援および問題が発生している地域社会への働きかけを行う地域支援であり，その支援方法は，ソーシャルワークを核とするものである。

　そもそも社会福祉は，個人の幸福と社会の幸福を追求する役割を担っている。個人の問題解決と社会開発（改良）は，そのまま直接結びつくものではないが，両者は相互に連関している。そのことを理解し，役割を実行するために必要な能力が福祉マインドである。

　一般に，「福祉マインド」というと，「やさしい心」や「他者への思いやり」など心情的・感情的なものを意味するととらえられる。お互いの生命と自由を大切にする心は，共感と連帯の生活感情に裏づけられるもので，「福祉マインド」の重要な要素である。しかしながら，社会福祉学で「福祉マインド」といった場合，その意味するところはそれにとどまるものではない。すなわち，心情的・感性的認識とともに理性的・科学的認識が求められるのである。

　理性的・科学的認識を行うためには，まず，社会の問題に気づく感覚（センス）が必要である。例えば，現代社会は誰もが平等ではない。社会活動に参加するための情報や機会に接近する条件にも差異がある。こうした不平等が，人間本来の差異（性や年齢，疾病や障害の有無など）や社会構造と結びついて，社会活動からの排除を生み，多様な社会的格差を形成してきた。そのことを理性的・科学的に発見し，問題として認識することが「福祉マインド」には含まれている。

　福祉マインドを涵養するうえで必要なのが歴史教育である。そのことは，社会福祉が，歴史的・社会的存在であり，時代社会の構造的変動の過程において，必然性をもって生起する生活上の諸問題を対象として営まれるものであることに起因する。また，人びとの生活上の諸問題は，政治・経済・社会・文化の要因に規定されながら時代の変化の中で社会的課題となり，個人の貧困から社会の貧困へ，私的な領域から公共の問題へと展開されてきた。それゆえ，不平等や社会的格差などが，これまでどのよう

な原因で起こり，それに対して誰がどのように対処して，解決・緩和してきたのかを学ぶことが，福祉マインドの涵養に不可欠なのである。

このように，福祉マインドを身につけた者は，一人ひとりの生命の大切さを理解し，生活問題に直面する人びとを認識・発見し，それらの人びととの相談に応じ，必要に応じたサービスの利用を支援するとともに，関係するさまざまな専門職や事業者，ボランティアなどとの連携を図ることを通じて，地域社会の資源を掘り起こし，個人と社会の問題を解決する能力をもつことができる。

2. 社会的支援システム

社会福祉を学ぶうえで次に重要なのが，生活問題を顕在化させる社会構造を政治，経済，文化などの側面から理解することである。社会福祉は生活を支援するためのシステムの一つであるといわれている。生活を支援するためのシステムとは，人びとが生活を維持することが適切に行えず，それが機能しなくなったときに形成され，生命を維持し，活力を再生産するための社会的支援システムである。市民の生活そのものが社会的環境と接点をもっている以上，その社会的支援システムは，政治・経済・文化・共同社会と有機的な関係をもつものである。

2.1　政治と社会福祉

市民が社会において市民権的基本権や社会権的基本権を獲得するためには，その社会が市民社会として成熟していることが不可欠である。またそれはその社会の政治と深く関係している。

イギリスでは，第1回選挙法改正（1832年）によって選挙権を得た中産階級は，立身出世のため自由主義経済体制の確立を目指し，低所得労働者や貧困者に対して強い圧力を加えた。これを契機に普通選挙権獲得を目的としたチャーティスト運動（Chartist Movement）が，1837年から展開された。このように，市民の権利は，その時代の主権者と市民の自律的な運動，また政府や政治家の利害調整のあり方によって規定されるものといえる。

2.2　経済と社会福祉

人間が共同生活をはじめた頃から，財・サービスの生産と分配の秩序を保障する経済システムが存在した。産業革命以降に登場した市場経済もまた，すべての生産要素の交換が価格によってのみ制御され，規制される経済システムである。近代以降の産業化による高度の生産力の発展は，同時に資本家と労働者という階級の成立と葛藤を生起させ，社会体制の変化や都市への人口集中は，労働力の正常な持続と，健全な人間として発達するために必要な諸条件・諸手段が剥奪された貧困者を生み出した。そこでその後，国家による市場経済への介入が展開され，これが社会福祉政策の成立の重要な契機と考えられている。

2.3 文化と社会福祉

　文化は社会の基底に存在するものである。市民は成長過程において世代間で継承してきた文化を内面にもつものである。また同時に市民は，新しい文化の創造者にもなり得る。世代間で継承してきた文化が，差別や偏見の強い社会の基底に存在していた事例は，身体障害者福祉，知的障害者福祉，精神障害者福祉の歴史の中に数多くみられる。社会や周囲の環境によって踏みにじられ続けた人びとの歴史は，差別や偏見がその社会で継承してきた文化と深く結びついている事実を物語っている。

2.4 共同社会と社会福祉

　社会福祉の基盤は共同社会にあり，それが社会福祉の起点といえる。共同社会において行われてきた相互扶助は，社会福祉の原初形態とされているが，今日においても最小単位の第一次的な福祉追求集団である家族を中心に，愛情に支えられた人間的なあたたかみのあるサービスが展開されている。

　しかしながら，近年の社会変動に伴う家族構造，家族機能の変化，通勤圏の拡大や空洞化現象による地域生活環境の変化などが，生活をともにする家族や地域住民の共同責任や社会連帯の思想に大きな影響を与えている。そこでこれからは，シティズンシップを前提として多様性を尊重し包摂する新しい共同社会を構築していくことが求められている。

3. 個人と社会の関係

3.1 「個人のありよう」と「社会のありよう」

　個人の価値と社会構造を理解したうえで，次に考えなければならないのは，個人と社会の関係についてである。個人と社会に関する歴史的事実は，大きく二つの種類に区分されるといわれる。

　まず，「個人のありよう」としての社会関係である。一般に社会関係は，人びとの意志の現実の相互作用である。もう一つの種類は，「社会のありよう」である。「個人のありよう」はその個人の意志に基づくが，「社会のありよう」は人びとの意志の現実の相互作用ではなく，人間が社会関係を結ぶときに社会から求められる制約であり，形式である。社会学者のマッキーヴァー（R. MacIver）は，これを「社会関係は活動であり，人生の糸（threads）である。社会のありようは糸を布に織りこんでゆく織機（loom）である」[1]と表現した。

　人びとの意志の相互作用に影響を与えているのが，生活を取り巻く物理環境，風土，気候，人種，宗教，習慣，民族や地域の歴史的伝統である。その中で，個人が内面から主体的にどう働きかけるかという側面が「個人のありよう」に決定的な影響を与える。また同時に人びとが社会関係を結ぶ際に重要な要素となるのが，過去から現在に至る共同社会の制度（機能）や経済機構である。それはいわば外部要因であるので，当然一定の枠組みにおける制約が存在する。ただ，この「社会のありよう」は，多数

の利害関心や目的の収れんと抗争の結果として生じた長年の構成体である。したがって，その結果である組織や制度だけに焦点を当てるのではなく，その起源や時間の流れに沿って現れる複雑な社会関係の発展を，段階や特性などから明らかにする必要があり，そのことに困難さが伴う。

3.2　相互作用

　人間には個としての自覚をもち，個人の自由と自立を求めて努力してきた歴史がある。その自由と自立は社会という人間集団において成立するものである。そのため私たちの社会は基本的に自由と自立に高い価値を置いている。それは社会と個人の根底にある基本的価値といえる。社会福祉は，そのことを前提として，社会と個人の接点に起こる生活困難な「状態」に対処することを目指す施策といえる。

　岡村重夫は，個人と社会制度との間の社会関係の主体的側面に焦点を当て，社会福祉の固有の視点を理論化した。岡村は個人の基本的要求と社会資源・社会制度の関係を，次のように述べている。

　「われわれの生活というのは，生活者たる個人と生活環境としての社会制度との相互関連の体系である。生活は，生活主体者たる個人ないし人間だけでもなく，生活環境たる社会制度でもなく，両者が交渉しあい，関連しあう相互作用そのものである。『社会生活の基本的要求』をもつ個人が，それぞれの要求に関連する社会制度を利用することによって，その基本的要求と充足する過程が，われわれの社会生活にほかならない。」[2]

　このように，ある生活困難な「状態」を個々の生活の場でとらえる視点と，それを社会構造からとらえる視点，さらに両者の相互作用をとらえる視点が，社会福祉では重要である。

4.　ニードの充足

　社会福祉のサービスの供給は，普遍主義に基づく場合と選別主義に基づく場合がある。普遍主義に基づくサービスは，すべての人に対して，当然の権利としてサービスを提供することを原則としているのに対して，選別主義に基づくサービスは，ニードの判定を条件として，それに合致する人のみにサービスを提供することを意味する。

　ここで問題となるのが，ニード判定である。それは時にスティグマ（stigma）を伴い，本来支援が必要な人にサービスが届かない状況を生じさせてしまうことがある。スティグマとは，肉体に刻みつけられたり，焼きつけられたりした「烙印」に語源をもち，羞恥，恥辱などと訳され，社会福祉の領域では給付申請を阻むものとされている。そのため，何をニードとするかという議論が，これまでの社会福祉において重要な位置づけとなっている。

　社会福祉のニードという表現は，人びとの生活上の必要，生活にとってなくてはならないもののある部分を満たすために使われる。前述の岡村は「社会生活の基本的要

求」という言葉を用いたが，その「基本的要求」は，社会生活をしている人間が基本的に必要であるとして強く求めるものである。

　社会福祉の領域でしばしば用いられるニード論として，マズロー（A.H.Maslow）の基本的欲求をあげることができる。マズローは基本的欲求を5段階に分け，第1段階の「生理的欲求」は，生きていくために必要な欲求，第2段階の「安全の欲求」は，安全で安心な暮らしがしたいという欲求，第3段階の「所属と愛の欲求」は，集団に属したり，愛情を求めたりする欲求，第4段階の「承認の欲求」は，他者から認められたい，尊敬されたいという欲求，第5段階の「自己実現の欲求」は，自己の能力を生かして創造的な活動がしたいという欲求である。マズローは，基本的欲求から高次元の欲求へ展開されることを，人間の動機に関する理論として説明している[3]。

　ブラッドショウ（Jonathan Bradshaw）は，『ソーシャルニードの分類法』においてニードの概念を次の4点に整理している[4]。① 規範的ニード（normative need）：専門家などが設定した規範によってニードが決定される。② 感得されたニード（felt need）：人びとがサービスを必要と感じているかどうかでニードの有無を判断する。③ 表明されたニード（expressed need）：人びとがサービスを必要であると表明することによって表れるニード。④ 比較によるニード（comparative need）：サービスを利用している人と利用していない人を比較することによってニードが決定される。

　ブラッドショウによるニードの類型化は，ニードの判別方法として用いられることもあるが，いずれか一つの類型のみによってニードを測定することは難しい。また，ある課題が一つの類型のみに該当するということをいっているわけではなく，一つの課題が複数の（場合によってはすべての）類型に該当することをも意味している。ブラッドショウは，前述の四つのニードがそれぞれ満たされているか否かで12通りの組み合わせを示して，政策立案者が「真のニード」とその優先順位をどのように決定すべきかについて論じている。

　三浦文夫は，社会的ニード（社会福祉ニードも同様）を「ある種の状態が，一定の目標なり，基準からみて乖離の状態にあり，そしてその状態の回復・改善等を行う必要があると社会的に認められたもの」[5]としている。「社会的に認められたもの」（社会的承認）を含んでいる点が単なるニードと異なる点である。さらに三浦はニードを「潜在的ニード」「貨幣的ニード」「規範的ニード」「感得されたニード」などに分類し，その中の潜在的ニードは，ニードを有する人びとに自覚あるいは感得されていないが，ある一定の基準に即して乖離を示し，かつその状態の解決が社会的に必要であるとみなされている状態ととらえている[6]。

　このように社会福祉のニードは，そのとらえ方によって多様であり，変化するものである。またそこには，個人が判断するニードと社会が判断するニードとの緊張関係が存在する。

5. 近年の生活問題

　　私たちの周囲にはさまざまな生活上の困難がある。所得格差，貧困，低所得，ニート，ワーキングプア，ホームレス，引きこもり，育児不安，子ども虐待，シングルペアレント，要介護，高齢者虐待，事故や傷病による障害，社会的孤独，心のやまい，家庭内暴力，外国籍住民問題，災害被災，犯罪被害，環境の悪化などである。

　　この中には，貧困，低所得など伝統的な生活課題もあれば，ワーキングプア，ホームレス，引きこもり，育児不安，子ども虐待，高齢者虐待，社会的孤独など新しい生活課題もある[7]。その中で例えば社会的孤独は，「社会的孤立の深化」という点で育児不安や虐待，家庭内暴力などと同質性をもつものである。また，ホームレスや外国籍住民問題は，「社会的排除や摩擦」という点から同質性をもつものである。

　　近年の都市化，産業化，グローバル化の中で，人びとの「つながり」はますます脆弱となり，「社会的孤立の深化」や「社会的排除や摩擦」の問題が深刻化している。2000（平成 12）年の「社会的な援護を要する人々に対する社会福祉のあり方に関する検討会」報告書では，今日的な「つながり」の再構築を図り，すべての人びとを孤独や孤立，排除や摩擦から援護し，健康で文化的な生活の実現につなげるための社会構成員として包み合う（ソーシャル・インクルージョン）ための社会福祉を模索する必要性が唱えられた。具体的には，従来の貧困に加えて，「心身の障害・不安」（社会的ストレス問題，アルコール依存等），「社会的排除や摩擦」（路上死，中国残留孤児，外国人の排除や摩擦等），「社会的孤立や孤独」（孤独死，自殺，家庭内の虐待・暴力等）といった要素を加える必要性を述べている。

　　これまでの伝統的な貧困概念（生存のための基礎的なニーズの欠如）やタウンゼント（Peter Townsend）らの剥奪の概念（標準的な生活のための物質的剥奪や社会的剥奪）と違い，社会的排除は，それらに加えて社会的な参加・つながりの欠如の側面を，動態的に把握することに立脚している。そしてその対象には，個人，世帯のみではなく，コミュニティや市民社会が含まれる。その意味で貧困概念とは別に，貧困を「潜在能力（capability：ケイパビリティ）の剥奪」として動態的にとらえたセン（A. Sen）の議論と親和性をもつと考えられる。

　　1998（平成 10）年にノーベル経済学賞を受賞したセンは，人間が生きていく際の質そのものを考慮して，人間の福祉と自由を評価する潜在能力アプローチを提起した。潜在能力とは，人びとが行うことのできるさまざまな機能の組み合わせである。センは，「さまざまなタイプの生活を送る」という個人の自由を反映した機能のベクトルの集合として潜在能力を表した[8]。ここでいう「機能」とは，人の福祉（暮らしぶりのよさ）を表すさまざまな状態（○○であること）や行動（○○できること）を指す。すなわち，社会の枠組みの中で，その人がもっている所得や資産で何ができるかという可能性を表すものである。差別を受けていて，できることが限られている場合には，潜在能力はそれだけ小さくなる。このように潜在能力を用いて差別の分析が可能となる。

逆に潜在能力が大きいほど，価値ある選択肢が多くなり，行動の自由も広がる。

そもそも潜在能力のありようは，個々人の資質だけで決まるのではなく，社会が提供することのできるサービスや機会によって左右される。ここから，社会的排除の概念とセンのアプローチとに共通の政策的含意が導き出される。

6. 社会福祉専門職に求められる知識・技術

社会福祉の実践を手段形態別に分類すると，その中枢に位置するのは，対人サービスである。それを担う人びとは，さまざまな職種で福祉の仕事を行い，その領域は多岐にわたっている。国家資格として定められている福祉関連の専門職だけでも社会福祉士，精神保健福祉士，介護福祉士，保育士，管理栄養士，栄養士などがあり，それぞれの資格をもつ者が，ソーシャルワーカー，生活指導員，精神衛生相談員，ケアワ

コラム　栄養学の視点から設定された貧困線

イギリスで行われた有名な貧困調査にラウントリー（Benjamin Seebohm Rowntree）がヨークで行った調査がある。ラウントリーは，生理学的，栄養学的視点から貧困線（poverty line）を設定したことで知られている。彼は，栄養基準（普通程度の筋肉労働で成人男子1日3,500 kcal，たんぱく質125 g，女子はその10分の8の2,800 kcalとし，16歳以下の子どもは年齢に応じて調整する）に基づいて，第1次貧困（primary poverty）の世帯と第2次貧困（secondary poverty）の世帯に分けて調査を行っている[9]。

最終的に，ラウントリーはヨークの貧困者総数は2万302人，労働者総数に占める割合は43.4％，総人口に占める割合は27.84％であると結論づけている。

また，ラウントリーはこの結果を踏まえて，ライフサイクル（life-cycle）の概念を示している。それは，労働者の生活がその労働能力と家族の状態の変化に伴って，第1次貧困線を境に一生涯のうち少なくとも3回は，その線以下に生活水準が下がることがあるとするものである。このことによって貧困者の生涯と生活水準の間に一定の周期的変動があることが明らかにされた。このライフサイクルの概念は，その後社会科学の領域で貧困サイクルや家族周期論として貧困研究の大きなテーマに発展した。

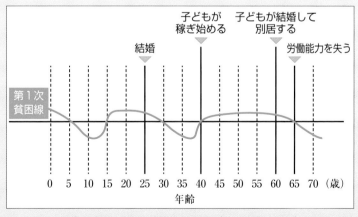

ラウントリーのライフサイクル（Rowntree, 1901）

ーカー，職業指導員などとして福祉の仕事を担っている。

　社会福祉の専門職に求められる知識とスキルは，その働きと不可分の関係にある。社会福祉の専門職に期待される働きは，社会福祉という一定の視点と枠組みのもとで，社会と個人の関係における生活上の困難やニーズの解決・軽減，緩和のための専門的援助活動である。具体的には，政策立案や計画策定，資源調達，ニーズをもっている人びとへの個別的な相談，情報提供，ニーズやサービスの評価・調整・決定，ケアやリハビリテーション，栄養指導など生活支援・自立のための具体的なサービス提供などである。

　そこで求められるのが対象理解である。社会福祉の専門職には，個人や家族，集団や地域社会が抱える生活上の困難を，それぞれのレベルに焦点を移しながら，現代社会を構成する物質的諸条件，社会的諸条件の下で，社会的かつ個別的に形成される対象を的確に把握することが必要である。物質的諸条件は，現代社会を構成する自然環境や構造物環境などを理解し，社会的諸条件は，政治，経済，社会，文化などを踏まえて理解することが求められる。

　社会福祉士や精神保健福祉士は，多様な社会福祉専門職の相互協力と各種社会サービスとの連絡，調整，協働を前提として，利用者の相談，助言，指導，援護などの直接的な援助の提供，権利擁護活動，社会資源の開発などを行わなければならない。そしてその結果として，社会の統合・発展に寄与する専門的な知識とスキルを有しなければならない。

　管理栄養士や栄養士は，バランスのとれた栄養，利用者の食事制限などに合わせた献立を作成するほか，調理員の栄養に関する知識の向上，栄養指導などを行い，利用者の食生活全般の改善や管理にあたる。管理栄養士や栄養士は，多くの社会福祉施設をはじめ，学校，病院，給食センターなどで専門知識を活用している。

　それぞれの専門知識を有する人びととの連携への期待は，福祉社会づくりや各種施策の推進とあいまって，今後さらに高まっていくことが予想される。

文　献

●引用文献

1）MacIver, R. : *Community, a sociological study: being an attempt to set out the nature and fundamental laws of social life*, Benjamin Blom, p.7（1917）

2）岡村重夫：『社会福祉原論』全国社会福祉協議会，p.83（1983）

3）Maslow, A.H. : *Motivation and Personality*, Harper & Row Publishers（1954）／小口忠彦監訳：『人間性の心理学』産業能率短期大学出版部，pp.89～101（1971）

4）Bradshaw, J. : ʻA Taxonomy of Social Needʼ in McLachlan, G.（ed.）: *Problems and Progress in Medical Care: Essays on Current Research*, 7th series, Oxford University Press, pp.72～74（1972）

5）三浦文夫：『増補社会福祉政策研究－社会福祉経営論ノート－』全国社会福祉協議会，p.59（1987）

6）同上 p.64

7）古川孝順：『社会福祉の新たな展望－現代社会と福祉』ドメス出版，pp.65～66（2012）

8）Sen, A. : *Inequality Reexamined, Russell Sage Foundation*, New York Clarendon Press, Oxford University Press, pp.39～40（1992）／池本幸生・野上裕生・佐藤仁訳：『不平等の再検討－潜在能力と自由』岩波書店，pp.59～60（1999）

9）Rowntree, B.S. : *Poverty: A Study of Town Life*, Longmans, Green and Co., pp.86～87（1901）／長沼弘毅訳：『貧乏研究』千城，p.98（1975）

●参考文献

・金子光一：『社会福祉のあゆみ－社会福祉思想の軌跡』有斐閣（2005）

・厚生労働省社会・援護局：『「社会的な援護を要する人びとに対する社会福祉のあり方に関する検討会」報告書』（2014）http://www1.mhlw.go.jp/shingi/s0012/s1208-2-16.html（2014年8月17日アクセス）

第 1 章

社会福祉の歴史

　日本の社会福祉の歴史の出発点をどこに設定するかは困難な作業である。通常，近代市民社会の成立期以降に求めるのが一般的である。それは，社会福祉が産業化に伴う社会問題の解決のために制度化されてきたという側面をもつためである。しかしながら，それだけで社会福祉の歴史のすべてを説明したことにはならないし，近代とそれ以前との間に存在する連続性が軽視されることにつながる。

　そこで本章では，仏教が日本に伝わった6世紀からを「萌芽期」，明治維新以降を「生成期」，日露戦争前後以降を「発展期」，第一次世界大戦以降を「成熟前期」，第二次世界大戦以降を「成熟後期」，1970年代後半～1980年代の過渡期以降を「転換期」および「転換期以降」と区分して，日本の社会福祉の歴史を概観する。

1. 萌 芽 期

　6世紀，日本に導入された仏教の慈悲の思想は，仏教徒によって実践され，その過程で多くの救済が行われた。特に593（推古元）年に設立されたとされる四天王寺の四箇院は，この時期の実在を疑問視する説も，聖徳太子建立説を否定する説もあるが，その後の仏教的慈善に大きな影響を与えた。

　古代・中世社会の施策として，日本では養老律令や七分積金制度などが代表的なものとしてあげられる。七分積金制度によって積み立てられた積金は町会所で管理されたが，明治維新以降，町会所は廃止され，積金はそのまま東京市に引き継がれ，養育院の運営資金の一部として活用された。また徳川幕府が設置した五人組制度は，生活や労働の共同をもたらす農村共同体を前提とする農耕と貢納の連帯責任のための制度であったが，地域の自治的行政の一環として実施された。この点は，日本で展開された地域単位の救済の一つの特質を示している。収容施設としては，江戸市中の貧窮病者のための施療機関として小石川養生所が設けられ，また無宿人や刑余者を使役するために収容する人足寄場が石川島の沼地を埋め立てて設立された。大飢饉のたびに頻発した村方騒動や都市騒動，百姓一揆は，困窮して踏みにじられた市民の訴えの象徴であり，市民運動として一定の意味をもった。

2. 生 成 期

　明治時代に日本で初めて成立した貧困者に対する一般的救済法は，1874（明治7）年に制定された恤救規則であるが，貧困者救済制度としては不十分なものであった。

　恤救規則では，貧困状態にある者の救済は「人民相互ノ情宜」（人びとの相互関係における したしみ・よしみ）によってなされるべきであるとし，「無告ノ窮民」（誰の助けも期待できない困窮者）に限って公費を与えるものであった（p.35 参照）。すなわちこれは共同体社会から逸脱した者への制限的救済であり，そこからもこぼれ落ちてしまう者は，博愛社，福田会育児院，岡山孤児院など民間の慈善事業に救済を求めるしかなかった。特に地震大国日本では，歴史的にも震災などにより共同体社会を失ってしまった者に対する援助活動は必須であった。1890（明治23）年には，このような災厄のため自活不能となった窮民や四谷鮫河橋（図1-1），下谷萬年町，芝新網町などで暮らす貧民などを主な対象とする窮民救助法案が帝国議会に提出されたが，窮民に救済を受ける権利を与えることにつながることに対するおそれや，保護要件を満たしていない者を保護する濫救に対する危惧などから最終的に廃案となった。

図1-1　鮫河橋貧家の夕（明治36年10月）
（出典）新撰東京名所図絵・四谷区乃部上，東陽堂（1904）

　そのため翌1891（明治24）年に愛知県北西部から岐阜県下にかけて大きな被害をもたらした濃尾大地震の際の救済は，もっぱら慈善事業家が中心となり行われた。このとき被災児・者のために救済活動を行った石井亮一や山室軍平は，これを契機として孤女学院（のちの滝乃川学園），救世軍日本支部における活動を展開した。その他，留岡幸助は不良化した少年たちの矯正のための家庭学校（現・北海道家庭学校，児童自立支援施設）を，野口幽香や森島峰（美根）は幼稚園を貧困家庭の子弟教育に

まで拡大する意図で二葉幼稚園（現・二葉保育園）を設立した。また，この時期の注目すべきセツルメント運動として，片山潜がイギリス型のセツルメントを模して東京の神田三崎町に設立したキングスレー館，渡辺海旭が深川に底辺労働者のために設立した浄土宗労働共済会，さらに宗教大学における萌芽的活動から始まり，東京帝国大学が本格的に展開した大学セツルメントなどがあげられる。

　貧困者の悲惨な実情を科学的に調査し，それを公にする試みもこの時期から徐々に実施された。その代表的なものが，1899（明治32）年に刊行された横山源之助の『日本の（之）下層社会』であり，1903（明治36）年に当時の農商務省が中心となり労働者の実態調査に基づいてまとめた『職工事情』である。

3．発　展　期

　日露戦争の戦中・戦後を通して，財政難に苦しむ政府は絶対君主制のもと絶大な権力と財力をもつ天皇を中心に家族国家観の復活を目指す感化救済事業を推進した。

　　まず，非行少年の教育保護を目的として感化法が 1900（明治 33）年に制定された。
同法によって，不良少年，犯罪少年，親における懲罰として懲戒場に入れられる少年
などの処遇機関として感化院が設置された。しかし同法の第一義的目的は，不良少年
の矯正というよりも，治安を保つことで，感化院への入所を親や子どもの意思にかか
わらず，地方長官がみずからの権限で行政処分として行うことができるものであり，
親や子どもの権利は全く保障されていなかった。

　　しかしながら，感化法で制定された感化院を，日本で法律上位置づけられた最初の
社会事業施設として，また民間社会事業に対して公的資金の補助を最初に行ったもの
としてとらえておくことは重要である。すなわち感化法は，原則として府県の負担で
感化院を設置すべきであることを定めたが，その区域内に団体または民間の感化事業
がある場合は感化院に代用することができ，同法施行規則で代用感化院に対して府県
費から補助することができると規定していた。民間社会事業に対して公共が介入した
ケースは，この時期から大都市でも地方都市でもみられ，その典型が，辛亥救災会や
大阪弘済会，小野慈善院などで行われた事業であった。

　　感化救済事業の「感化」という語が「道義を説きて，以て之を感化す」（後漢書）
を出典としているように，救済事業は道徳主義と深く結びついていた。また徐々に成
熟していた社会主義運動に対する防御，思想対策という性格もあわせもっていた。す
なわち感化救済事業は，国に負担をかけない道徳主義的・自己責任主義的な救済事業
で，それが「自治自営」を基本とする地域改良事業の一環として提起されたものであ
り，その主張は 1908（明治 41）年の第 1 回感化救済事業講習会から打ち出されていた。

　　1910（明治 43）年の大逆事件を契機に社会主義運動への弾圧が本格化する一方で，
民間社会事業の組織化もこの時期に行われた。日本の場合，「民」の結集は「官」の
主導の下で展開され，中央慈善協会として具現化した。中央組織の中心である幹事長
と 8 名の幹事のうち 4 名は内務官僚であった。さらに，天皇を中心に家族国家観の復
活を目指す感化救済事業においては，いわゆる「官」の慈恵主義的行政ではなく，天
皇の直接的な慈恵を必要とし，その象徴が天皇の「恩資金」に基づく財団法人の設立
であった。こうして設立されたのが恩賜財団・済生会である。

4．成 熟 前 期

　　第一次世界大戦後，日本社会はさらなる変貌をとげる。財閥資本は独占化を進め，
国家との関係を強めていった。そしてそれは消費生活を拡大することになったが，国
民の多くはその変化に即応することができず，結果的に社会的不平等が拡大した。そ
のような中で，1917（大正 6）年に軍事救護法は発布されたが，同法は軍人本位の施
策であり，富国強兵を強調するためのものであった。

　　1918（大正 7）年，米価の暴騰に苦しんだ富山湾沿岸地域の民衆が米の県外船積みに
反対するために立ち上がったことなどを発端として，全国に波及した米騒動は，自然
発生的なものであったが，日本で最初の本格的な民衆運動として位置づけられている。

　こうした社会構造の変化と社会運動の展開は，国民の民主主義と社会権への願いを強めていった。『大阪朝日新聞』に連載した河上肇の『貧乏物語』の言葉には，貧困認識の社会的転換が示され，多くの国民の心をとらえた。

　このようにして徐々にではあるが，日本の社会事業が形成された。社会事業の成立指標として，「社会化」「組織化」「予防化」「専門化」「科学化」などが一般に用いられる。まず「社会化」を示すものとしては，中央，地方における社会事業行政機構の確立と体系化があげられる。1917（大正 6）年救済行政の中央事務の担当課である救護課が内務省に設置され，1919（大正 8）年にはその名称を社会課と改称し，翌 1920（大正 9）年には社会局へと発展した。社会局では「社会事業に関する事項」も扱うことになり，「慈恵」に替わって「社会事業」が国の法令上に明記された。「組織化」を示すものとしては，方面委員制度の成立があげられる。同制度は，小学校通学区域を一方面とし，その方面単位に方面委員を任命し，その委員は，担当方面居住者の生活状態を調査し，生活困窮者の適切な救済を実施する制度であった。「予防化」を示すものとしては，「防貧」施策の経済保護事業があげられる。例えば，食料品および日用品のための公設廉売市場，公設質屋などである。また 1920（大正 9）年には協調会に政府指定の中央職業紹介所が設置され，翌 1921（大正 10）年には職業紹介所法が制定された。また第一次世界大戦後の労働問題の本格化と工場法実施により工場労働者の疾病対策が必要になり，1922（大正 11）年に健康保険法が制定された。「専門化」を示すものとしては，社会事業の専門教育が一部の大学，専門学校で行われたことがあげられる。1918（大正 7）年に宗教大学（現・大正大学）社会事業研究室が，1921（大正 10）年に東洋大学社会事業科，日本女子大学校（現・日本女子大学）社会事業学部が開設され，社会事業の専門家養成が実施された。「科学化」を示すものとしては，調査・研究の進展があげられる。1918（大正 7）年，内務省に救済事業調査会（1921 年より社会事業調査会）が設置され，高野岩三郎を中心に社会問題に関する基礎的な研究を行った大原社会問題研究所も，この時期に誕生した代表的な調査研究機関である。社会責任主義を援助原理とする社会事業の体系は，1926（大正 15）年，浜口雄幸内務大臣が「社会事業体系ニ関スル件」を社会事業調査会に諮問し，これに対して同調査会が提出した答申が基礎となって確立された。不良住宅地区改良法，救護法，児童虐待防止法の成立は，同調査会の審議を経ている。

　1930 年代に入ると，全日本私設社会事業連盟などが，社会事業に関する法制度の促進のための運動を積極的に展開し，こうした民間部門を中心とした社会事業の運動の結果，1938（昭和 13）年に社会事業法が制定された。しかしこの社会事業法は，全日本私設社会事業連盟の主張とはかけ離れたもので，実際の助成額は少なく，戦時下における国策に沿った統制的な側面を有していた。

　また，1938（昭和 13）年には任意ながら国民健康保険法も成立したが，医師不足もあり医療制度は空洞化していた。その他，1937（昭和 12）年の母子保護法，1941（昭和 16）年の医療保護法などが整備され，対象が国民全体に拡大した。このことが外見

上社会事業の発展ととらえられ，この時期の社会事業を，厚生事業と呼んだ。しかしその中身は，戦争遂行のための人的資源の確保と健民健兵政策の強化であり，社会事業が軍事政策の一部に組み込まれた形のいわゆる戦時厚生事業であった。

　戦時厚生事業をめぐる理論は，軍事優先の政策動向に追随する立場から，真っ向から対立しそれらを批判する立場までさまざまだった。社会政策論の立場から戦時体制下で認められるぎりぎりの線で，生産力の論理により社会政策と社会事業を理論的に整理したのが大河内一男の「我が国に於ける社会事業の現在及び将来」であろう。大河内の見解は，戦後の社会福祉学の社会科学的基礎づけに大きな影響を及ぼした。

5．成熟後期

　第二次世界大戦後，最低限の国民の生活を支えることが社会福祉の第一義的課題であった。1945（昭和20）年末に生活困窮者緊急生活援護要綱を閣議決定し，暫定的に生活困窮者への緊急措置を行った。また，連合国軍最高司令官総司令部（General Headquarters：GHQ）は，社会救済に関する覚書（SCAPIN775）を出し，無差別平等，国家責任，公私分離，必要充足などの原則を示した。この原則に基づいて，1946（昭和21）年に(旧)生活保護法が制定された。しかしながら同法は，怠惰者や素行不良者を保護の対象外とする欠格条項を含んでおり，1950（昭和25）年には生活保護法(現行法)が制定された（p.36参照）。また，戦後日本では，戦災浮浪児や孤児に対する保護対策が重要な課題であり，児童を健全育成していく政策が必要であった。そのような背景で1947（昭和22）年，児童福祉法が成立した。さらに，傷痍軍人への対策に起源をもつ身体障害者福祉法は，GHQ の軍人への優先的制度の解体で若干遅れ，1949（昭和24）年に成立した。生活保護法，児童福祉法，身体障害者福祉法を「福祉三法」とよび，国家責任主義の援助の形が整った。

　社会福祉の関係法が成立すると，社会福祉事業の全分野共通の基本的事項を規定する法律の整備が必要となった。そこで1951（昭和26）年に成立したのが社会福祉事業法（現・社会福祉法）である。それまで，GHQ が示した公私分離の原則およびその影響を強く受けた日本国憲法第89条（公の財産の支出及び利用の制限）の条文規定により，民間の団体・施設に対する公費補助は打ち切られ，多くの団体・施設には経営を維持するための資金が不足していた。しかしながら，この社会福祉事業法の成立によって，「措置制度」とよばれる行政機関の行政行為に基づいたサービス提供の仕組みが確立され，民間の団体・施設への公費補助が可能となった。ただし，社会福祉法人の定款に宗教的な意味合いが強調されている場合，行政の指導が入ることもあった。また，措置制度で公費補助を受けない事業の経営は依然として厳しく，それが後にサービスの格差を生じさせる要因の一つとなった。

　また1950年代は，戦後の社会福祉理論が発展し，社会福祉の本質に関する議論が活発化した時期であった。いわゆる社会福祉本質論争は，1952（昭和27）年1月の大阪社会福祉協議会機関誌『大阪社会福祉研究』創刊号から始まった。そしてこれが新

しい論争を生み出す起点ともなった。こうした中で社会福祉への国民の関心は高まり，社会保障制度が体系的に整備された。その象徴が 1961（昭和 36）年に実現した国民皆保険・皆年金制度であろう。また，1962（昭和 37）年には，社会保障制度審議会が，貧困階層，低所得階層，一般所得階層に対する施策ならびにすべての所得階層に共通する施策などを含む「社会保障制度の総合調整に関する基本方策についての答申および社会保障制度の推進に関する勧告」（通称・62 年勧告）を示した。

1950 年代の後半から 18 歳以上の知的障害者に対する福祉施策の不備が顕在化し，1960（昭和 35）年，精神薄弱者福祉法（現・知的障害者福祉法）が成立した。また 65 歳以上の高齢者が増加しはじめ，高度経済成長とともに高齢化問題が表面化したため，1963（昭和 38）年に老人福祉法が成立した。さらに，母子問題が，単に母子家庭の経済的問題だけでなく，母子一体の生活指導・相談を内容とする母子家庭対策が必要となり，1964（昭和 39）年，母子福祉法（現・母子及び父子並びに寡婦福祉法）が成立した。前述の「福祉三法」にこれらの法を加え，「福祉六法」体制が整った。

そして社会福祉の法整備が進む中，社会保障や社会福祉に対する権利意識が，国民に芽生え，それが朝日訴訟や堀木訴訟などの人権を問う裁判を通じた運動として展開しはじめる。また障害者の当事者運動も活発化する。それに影響を与えたのが糸賀一雄らの福祉思想に基づく実践であったといえる。

コラム 糸賀一雄の福祉思想

第二次世界大戦直後の 1946（昭和 21）年，糸賀一雄は，田村一二，池田太郎とともに知的障害児施設近江学園を創設した。

糸賀は社会福祉の従事者としてはまれにみる思想家で，思想が絶えず実践に移され，事業の根底には福祉思想があった。京都大学哲学科を卒業後，1940（昭和 15）年に滋賀県の吏員となり，戦時中は将来を約束された行政官であったが，戦後は一転して知的障害児教育の世界に身を投じた。その背後には，戦後責任をどのように受け止めるかというナショナリスティックな課題があったと考えられる。近江学園の目的は，「戦争によって社会に投げ出された戦災孤児あるいは生活困窮児」と「忘れられている知的障害児」を区別し，それぞれの教育集団を基礎に相互援助によって教育し，人間社会や教育のあるべき姿を追求することであった。

糸賀の福祉思想の中で，特に発達保障の考え方はその後「発達権」として実を結び，社会福祉に大きな影響を与えた。「愛と共感の教育」から「発達保障」へつなげる糸賀の思想には，これまでとは異なる「社会性」が重視されている。糸賀の著書に『この子らを世の光に－自伝・近江学園二十年の願い－』（1965 年）があるが，「この子らに世の光を」ではなく「この子らを世の光に」としたところに，糸賀の思想が貫かれている。糸賀は知的障害児を「世の光」といい，どんなに重度な障害がある子どもでも，発達の可能性は無限であり，その発達を保障するために適切な条件を整備することを権利として要求し続けた。

糸賀は，『福祉の思想』で次のように述べている。

「福祉の実現は，その根底に，福祉の思想をもっている。実現の過程でその思想は常に吟味される。どうしてこのような考えではいけないのかという点を反省させる。福祉の思想は行動的な実践のなかで，常に吟味され，育つのである。」[1]

6. 転 換 期

　1970年代後半から1980年代の過渡期を大きな区切り目として，それ以降をここでは転換期と位置づける。1973（昭和48）年度の予算編成で社会保障費が大幅に増加したことから，同年は福祉元年とよばれたが，その同じ年にオイルショックが起き，その影響で，経済構造の再編と社会福祉政策の転換が強く求められ，いわゆる「福祉見直し論」が，政府を中心に主張されはじめた。1979（昭和54）年に政府が示した新経済社会7カ年計画では，これからの日本には社会経済的特質を生かした新しい日本型の福祉社会の創造が求められるとして，個人の自助努力やインフォーマルケアを重視する日本型福祉社会論が示された。さらにこの考え方をほぼ継承し，行政改革と「増税なき財政再建」による，国家財政の削減を基本路線とした第2次臨時行政調査会が1980（昭和55）年に発足した。

　その後も経済が停滞する中，高齢化は進行し，財源との関連で社会福祉をとらえ直す必要性が叫ばれた。例えば，老人保健法が1982（昭和57）年に制定され，老人医療費支給制度の見直しが行われ，福祉改革が提唱され在宅福祉や市町村重視が強調された。また，1987（昭和62）年には長い間の懸案事項であった社会福祉専門職の資格が社会福祉士及び介護福祉士法という形で実現した。

　元号（和暦）が平成に改まると，社会福祉の計画化が急速に進行する。その始まりが1989（平成元）年末に示された高齢者保健福祉推進十か年戦略（通称・ゴールドプラン）である。ゴールドプランは，1990（平成2）年からの10年間をかけて，高齢者に関係する保健福祉サービスの基盤を整備し，2000（平成12）年に備えるという計画であった。また1986（昭和61）年の地方公共団体の執行機関が国の機関として行う事務の整理及び合理化に関する法律（通称・機関委任事務合理化法）以降，福祉サービスにかかわる機関委任事務が団体（委任）事務に移されていたが，1990（平成2）年の福祉関係八法の改正で，地域主体の福祉サービスの充実が一層強調された。

　その後の計画としては，1994（平成6）年の「21世紀福祉ビジョン－少子・高齢社会に向けて－」の提案を受けて策定された今後の子育て支援のための施策の基本的方向について（通称・エンゼルプラン）や，障害者福祉に対する各種長期計画の流れを汲む形で策定された障害者プラン－ノーマライゼーション7か年戦略などがあげられる。また，同年日本は，児童の権利に関する条約を批准し，158番目の締約国となった。

　1995（平成7）年に社会保障制度審議会が示した「安心して暮らせる21世紀の社会を目指して－社会保障体制の再構築に関する勧告－」（通称・95年勧告）では，国民が自立と社会連帯の考えを強くもち，社会保障を改革していかなければならないことが強調された。また同年に起きた阪神・淡路大震災は，兵庫県を中心に大きな被害をもたらしたが，130万人とも200万人ともいわれるボランティアが全国から集まり被災者の救助にあたった。阪神・淡路大震災が起きた1995（平成7）年がボランティア元年と形容されるように，この年から日本におけるボランティアの認知は格段に進み，

1998（平成10）年の特定非営利活動促進法（通称・NPO法）の成立にも影響を与えた。

　社会福祉基礎構造改革が政治的・理論的争点となるのは，1997（平成9）年の秋以降であるが，その内容は1990年代初頭から個々に検討され，準備されてきたものであった。1996（平成8）年に国会に法案が提出された介護保険法も1997（平成9）年末に制定された。その翌1998（平成10）年に，中央社会福祉審議会に社会福祉構造改革分科会が設立され，「社会福祉事業法改正を含む改正法案」が審議され，2000（平成12）年に社会福祉の増進のための社会福祉事業法等の一部を改正する等の法律（社会福祉法への改正）が成立した。

　日本の虐待対応は欧米諸国と比べて著しく遅れ，一連の法律は2000（平成12）年以降に制定された。児童虐待の防止等に関する法律（通称・児童虐待防止法）が2000（平成12）年，配偶者からの暴力の防止及び被害者の保護等に関する法律（通称・DV防止法）が2001（平成13）年，高齢者虐待の防止，高齢者の養護者に対する支援等に関する法律（通称・高齢者虐待防止法）が2005（平成17）年，障害者虐待の防止，障害者の養護者に対する支援等に関する法律（通称・障害者虐待防止法）が2011（平成23）年にそれぞれ成立した。暴力や虐待そのものを防止する法の整備も重要であるが，それと同時に個々人の権利擁護にかかわる事項が焦眉の課題となっており，その解決が強く求められている。

7. 転換期以降の動き

　最後に，転換期以降の社会福祉の動きを概観する。

　まず障害者分野では，2003（平成15）年に社会福祉基礎構造改革の目的に沿った形で支援費制度が施行され，身体障害者，知的障害者を対象に，従来の措置制度から契約制度への転換が図られた。しかしながら，支援費制度の施行後，在宅サービスの利用者の増加，障害種別によるサービスの格差，サービス水準の地域格差，在宅サービス予算の増加とそれに伴う財源問題などが生じた。そこで2004（平成16）年，障害者自立支援法の骨格に関する提案が厚生労働省から出され，これに基づいて2005（平成17）年に障害者自立支援法が成立し，2006（平成18）年より施行された。その後，政権交代を受けて，政府より当初から懸念されていた利用者負担の問題を踏まえて障害者自立支援法の大幅な改正が表明され，2012（平成24）年6月，これに代わる障害者総合支援法（正式名称p.81参照）が成立した。

　また，子ども分野では，2012（平成24）年8月，子ども・子育て支援法など関連三法が公布され，その後の準備期間を経て，2015（平成27）年度から子ども・子育て支援制度が施行された。さらに，保育士等の人材不足が深刻化している現状を踏まえ，2015（平成27）年1月，政府は保育士の待遇向上などを目指した「保育士確保プラン」を定めている。

　生活困窮者への対策としては，非正規労働者など安定した職に就くことができず，生活困窮に陥るリスクが高まる人びとに対して，社会保険（第一のセーフティネット）

と生活保護制度（最後のセーフティネット）の間に，新たな制度（第二のセーフティネット）を創設する動きが高まった。その一つが 2011（平成 23）年に制定された，職業訓練の実施等による特定求職者の就職の支援に関する法律（通称・求職者支援法）である。また，2013（平成 25）年には，生活保護法の一部を改正する法律と生活困窮者自立支援法が成立し，前者は 2014（平成 26）年 7 月（一部を除く），後者は 2015（平成 27）年 4 月より本格実施されている。

　障害者総合支援法は，障害者自立支援法の制度体系をそのまま受け継いだこともあり，骨格提言に関する検討事項は施行後 3 年目の見直しの審議に委ねることとなっていた。その後の社会保障制度審議会・障害者部会での検討を経て，2016（平成 28）年 5 月，障害者総合支援法改正が国会で成立した。この改正法は，一部を除き 2018（平成 30）年度に施行され，本格実施に 2 年間の準備期間を設けている。

　また，2014（平成 26）年の介護保険制度改正などを中心に，地域で支える仕組みづくりが，これまでの対象者別のカテゴリーを超えて進められている。その契機となったのが，地域包括ケアシステムである。地域包括ケアシステムは，日常生活圏域で個々の利用者に対して，医療・介護・住まい・生活支援・介護予防が多職種連携で提供されることを目指すものである。

　この地域包括ケアシステムを超えるものとして，2015（平成 27）年 9 月に厚生労働省から「誰もが支え合う地域の構築に向けた福祉サービスの実現―新たな時代に対応した福祉の提供ビジョン―」と題する提案が出された。その内容は，全世代・全対象型地域包括支援体制の構築を目指すものである。さらに，2016（平成 28）年 6 月の「ニッポン一億総活躍プラン」を経て，同年 7 月 15 日に厚生労働省から「『我が事・丸ごと』地域共生社会実現本部について」（以下，「我が事・丸ごと」と略す）が出された。「我が事・丸ごと」では，地域共生社会の実現には地域の課題を「他人事」から「我が事」に転換し，人々が主体的に地域活動に取り組めるように支援し，一方で縦割りの相談やサービスを「丸ごと」で受けられる仕組みと，そのための医療・福祉の専門職教育での融合化が必要であるとしている。

文　　献

●引用文献
　1）糸賀一雄：『福祉の思想』（NHK ブックス 67）日本放送出版協会，p.64（1968）

●参考文献
　・古川孝順・金子光一編：『社会福祉発達史キーワード』有斐閣（2009）
　・金子光一：『社会福祉のあゆみ－社会福祉思想の軌跡』有斐閣（2005）

社会保障制度の意義

　本章では社会保障制度の「意義」（重要性や価値）を理解するための材料を提供する。各節の概要は次のようになる。第1節では，社会保障という言葉の「意味」を整理しながら，社会保障が現在どのような状況にあるのかを述べていく。第2節では，二つの政府関係文書を検討し，社会保障の「制度像」にどのような変遷がみられたかを明らかにする。第3節では，社会保障制度の仕組みを「分野」と「方法」に分けて整理する。第4節では，社会保障制度が果たしている「役割」について概説する。本章で示した基礎知識を踏まえ，社会保障制度にどのような「意義」を見出すかは，最終的に読者の判断と評価にゆだねられる。

1. 社会保障の意味

1.1　社会保障という言葉

　まず言葉の意味から解説をはじめたい。英語では「社会保障」のことを social security という。security は「不安や心配のない状態」や「安全／安心」を意味する。これに対して日本語の保障は，「差し障りから守ること」や「保護し守ること（防護）」をいうが，「安全／安心」をじかに意味しているわけではない。このように，英語の security と日本語の「保障」の間にはちょっとした距離がある。だがその距離は「差し障りからの守りがあれば心配ない」といった連想の働きによって埋められている。なお，「保障」と同じ発音の言葉に「保証」と「補償」があるが，保証は責任をもって何かを約束することを，補償は何らかの被害や損害を償うことをいう。それぞれ違った意味合いで使われるので混同しないよう気をつけてほしい。

　社会保障という言葉の意味は，国によって違いをみせるということも知っておいたほうがよいだろう。例えばイギリスやアメリカでは，社会保障という言葉はもっぱら所得の保障を意味する。これに対し，日本における社会保障は，英語圏のそれよりも範囲が広く，所得保障のみならず医療保障，公衆衛生，社会福祉といった分野や制度を含んで理解されている。

　日常会話では，社会保障よりも年金，医療，介護，保育といった個別施策が話題にされることのほうが多いと思われる。社会保障とは，そうした個々の分野や制度をひっくるめた「全体」に言及する言葉である。社会保障の「全体」に言及することが多いのは，やはり政治家・官僚・研究者といった，社会保障に専門的にかかわる人たちであろう。しかし，社会保障の負担者でも受益者でもある国民各層も，個別の分野や

制度だけでなく，社会保障という大きな視角から，そのあり方を考えていくことが望まれる。

　では，この社会保障という大きく全体的な視角からは，いったいどのような眺望が開かれていくのだろうか。あたりまえかもしれないが，そこからは個別の分野や制度だけをみていたのでは見逃してしまうものがみえてくる。例えば，年金給付は高齢期の生活安定化に寄与するが，生活の安定にとっては医療保険や介護保険の給付・サービスも重要な役割を担っている。それらをトータルに検討することではじめて，高齢期の生活において年金給付が果たしうる意義やその課題もみえてくるのである。

1.2　社会保障という理念

　もう一つ，社会保障という言葉に関する注意点を述べておく。それは，社会保障という言葉は「理念」を表していて，その理念を実現する手段の総体は「社会保障制度」とよばれているということである。もちろん制度が省略され，「社会保障」だけで社会保障制度を言い表すことも多いが，正確な言葉遣いと理解を望むのであれば，両者を区別したほうがよいだろう。

　社会保障制度について簡単に説明する。制度とは，人びとのふるまいや関係を，特定のねらいに向けてコントロールするためのルールのことをいう。社会保障制度とは，社会保障という理念（および社会保障に込められた理念）を実現するためのルールや仕組みのことであり，さまざまな法律によって具体化されている。形式だけをみれば，社会保障制度は，誰が費用をどれだけ負担し，どういうときにいかなる給付をどれだけ受け取れるか，といった権利や義務を定めるルールとなっていることがわかるだろう。

　次に，社会保障が理念であるとはどういうことかを説明する。理念とは，物事の根本にある考え方や目標のことをいう。社会保障という理念は，「人びとの暮らしを安全／安心な状態にする」という国家の政策目標を意味している。その目標は，「万人の幸福」や「苦しみのない社会の実現」といったハードルの高いものではなく，「普通の暮らしを守る」という慎ましやかなものだといえる。私たちは，病気やけがのせいで働けなくなったり，会社の倒産や解雇によって失業したりすることがある。そうしたときに，各種の備えと助けの手立てを通じて「普通の暮らし」を維持することが社会保障という理念なのである。

　「普通の暮らしを守る」という目標は，理念とよぶには控えめすぎるようにみえるかもしれない。しかし，社会保障制度が存在しなかったら自分たちの暮らしがいったいどうなるのかと想像してみてほしい。たしかに社会保障制度は，貧困・格差・不平等を生み出さない社会や，万人が幸福を実感できる社会といった理想をじかに追求しているわけではない。それでも，年金保険制度がなかったら，引退した親の生活を子どもがぜんぶ背負わなければならない場合もあるだろうし，医療保険制度がなかったら，入院の長期化等によって医療費がかさみ，生活が破綻してしまうおそれがある。社会保障制度が整っていなかった時代の日本や，現在でも社会保障制度が整っていな

い国のことを考えれば，今日のように社会保障制度によって「普通の暮らし」が守られるということの意義がよくわかるはずである。次に「普通の暮らしを守る」とはどういうことなのかを考えてみたい。

1.3 「普通の暮らし」を守る社会保障

　日本国憲法の第 25 条は，第 1 項で「すべて国民は，健康で文化的な最低限度の生活を営む権利を有する」とうたい，第 2 項で「国は，すべての生活部面について，社会福祉，社会保障及び公衆衛生の向上及び増進に努めなければならない」とし，国民の生存権と，それを請け負う国家の責任を規定している。

　このように，社会保障の理念は，まずもって生存権の保障であると理解されてきた。「生存」というと，「ぎりぎりの暮らし」といったイメージが浮かぶかもしれない。しかし，今日では社会保障制度によって追求される「生存」は，豊かな日本社会で「普通」とされる暮らしを指しており，社会保障制度によって守られることもあわせて「普通」とみなされているといってよい。ややわかりづらい言い方になるが，今日の社会保障制度は，社会保障制度の存在が前提になっている生活を保障しているのである。

　「普通」に暮らしていると，「普通」がどういうものかわからなくなるものである。病気，けが，障害，失業，離婚などによって，生活が一変してしまったときにはじめて，私たちは「普通の暮らし」が何であったのかを知ることになるだろう。こうして発見されていく「普通の暮らし」そのものは，つねに高水準化していく傾向があるという点にも注意が必要だ。「普通の暮らしを守る」ということじたいは慎ましやかな目標なのだが，いつのまにか「普通」のハードルがどんどん上がってきているのである。私たちの暮らしは，日々快適にそして便利になっていく。それに合わせて私たち一人ひとりの「普通」に対する要求水準も上昇しているのである。

　例えば，医療技術や医薬品の進歩には目を見張るものがある。不治の病に治療法がみつかることも珍しいことではなくなった。だが，そうした進歩には莫大な資金が費やされており，その恩恵にあずかるにも多額の費用が求められる。命は平等である以上，最新の医療や薬品を誰もが平等に利用できるようにするのが筋だとしても，一国社会の負担能力に限りがある。それゆえ，何をどこまで平等にするか（具体的には社会保険がきくようにするかどうか）を考えなければならなくなっているのである。

　現在，少子高齢化ともあいまって，「普通の暮らし」を維持するためのコストは天井知らずの勢いで増大している。国立社会保障・人口問題研究所が公表している「社会保障費用統計」（平成 30 年度版）によると，社会保障給付費は 2018（平成 30）年度で 121 兆 5,408 億円であり，対国内総生産費は 22.16％，国民 1 人当たりでは 96 万 1,200 円，1 世帯当たりでは 234 万 3,800 円となっている（詳しくは同研究所の HP を参照）。

　このように「普通の暮らし」が高水準化し，その維持費も莫大なものとなる中で，私たちは「社会保障制度によって何をどこまで保障するか」という難問に答えを出さねばならなくなっている。こうした難問に取り組むにあたっては，あまり前のめりに

ならず，まずは，これまで社会保障制度のあり方がどのように考えられてきたのかをふりかえってみることも有益であろう。

　次節では，二つの政府関係文書をとりあげる。その一つは，社会保障制度づくりがはじまった 1950 年代の創設期に出されたものであり，もう一つは，人びとの生活と社会の変化に合わせた制度改革が本格化した 1990 年代の転換期に出されたものである。どちらの文書も社会保障制度のあり方を提起しているが，創設期の制度像と転換期の制度像にはどういう違いがあるのかを確認してもらいたい。

2．社会保障制度像の変遷

2.1　社会保障制度審議会：社会保障制度に関する勧告（通称・50 年勧告，1950 年）

　日本における社会保障制度の公式的な定義は，社会保障制度審議会によって半世紀以上前に示された。社会保障制度審議会とは，政府に社会保障制度のあり方についてアドバイスを行う有識者の集まりであったが，現存しない。今は社会保障審議会がその役割を引き継いでいる。社会保障制度審議会が示した定義の内容を紹介する前に，それがどういう背景のもとで示されたのかを確認しておく。

　第二次世界大戦は国民すべてを巻き込んだ総力戦であった。終戦直後の日本では，国民各層（復員軍人，引揚者，失業者，戦争孤児・遺族，戦災者など）が辛く苦しい生活を強いられていた。食糧不足の深刻化，コレラ等の伝染病や寄生虫病の蔓延など，栄養・衛生状態は悪化の一途をたどっていた。こうした戦後混乱期の疲弊した国民生活を背景に，社会保障制度審議会（会長・大内兵衛）は，「今日において，この制度のスタートを切ることは絶対の必要であり，また少なくともこの程度のことをやらなければ，当面する社会不安に対する国家の責任を果たすことはできない」との認識のもと，1950（昭和 25）年に内閣総理大臣・吉田茂あてに社会保障制度をつくるよう勧告した。その勧告は，つくりあげるべき社会保障制度を，次のように定義した。

　「いわゆる社会保障制度とは，疾病，負傷，分娩，死亡，老齢，失業，多子その他困窮の原因に対し，保険的方法又は直接公の負担において経済保障の途を講じ，生活困窮に陥った者に対しては，国家扶助によって最低限度の生活を保障するとともに，公衆衛生及び社会福祉の向上を図り，もってすべての国民が文化的社会の成員たるに値する生活を営むことができるようにすることをいう。」

　日本政府は 50 年勧告を青写真としながら，社会保障制度の確立に努めていった。勧告の定義について，言葉を足して解説すると次のようになる。

　① 病気・けが・稼ぎ手の死亡などが，貧困をもたらす原因（リスク）である。

　② こうしたリスクに対しては「保険的方法」（社会保険）と「直接公の負担」（税財源で給付を行うやり方）で，リスク発生時に所得を保障できるようにする。

　③ もし②のやり方で貧困が防げず，実際に貧困に陥ってしまった人びとに対しては，国家扶助（公的扶助）で最低限度の生活を保障する。

　④ 社会保険と公的扶助による所得保障ばかりでなく，「公衆衛生」（衛生的な暮らし

と健康の基盤づくりをねらいとした社会サービス）と「社会福祉」（社会的に弱い立場に置かれている人びとの生活を支える社会サービス）の向上を図る。

⑤ こうした所得保障と社会サービスによって，すべての国民が文化的社会のメンバーにふさわしい生活を営めるようにする手立てが社会保障制度である。

1960 年代以降，この勧告にそって制度はおおむね順調に拡充されていったが，その背景には，驚異的な経済成長による税収の増大や当時の安定した雇用状況があった。1970 年代前半に高度成長が終わると，財政難に陥ることを避けるために，政府は社会保障制度の給付と負担を抑制しようとした。このあたりから，「コンパクトな福祉国家」という日本の福祉システムの特徴がはっきり姿を現していった。

その後，経済の浮き沈みを経ながら，日本社会は成熟へと向かっていった。1980 年代は，今の目からすると，政治も経済も社会も奇妙に安定した時代であった。だが 1990 年代に入ると時代の空気は一変する。バブル崩壊後の景気停滞のもと，グローバル化への対応が求められる中で，日本政府は経済社会の構造改革を迫られていった。他方で，少子高齢社会への対応も急務となった。非婚化・晩婚化・晩産化の流れは，人口減少型社会の到来を予想させた。また，家族の多様化・小規模化の進行は，性別役割分業を前提とした女性による私的なケア（介護・育児）に依存することの限界をあらわにしていった。さらに，経済のサービス化や情報化をはじめとする産業構造の変化に伴い，就労形態（雇い方や働き方）も多様化していった。一連の経済社会の変容は，社会保障制度が前提にしていた諸条件（安定的で画一的な労働・家族の形態）をしだいに掘り崩していった。その一方で，子育てや老後の不安感も増大し，社会保障制度に対する国民の期待も大きくなっていった。

2.2 社会保障制度審議会：社会保障体制の再構築に関する勧告 （通称・95 年勧告, 1995 年）

こうした急速な少子高齢化の進展，国民生活の水準向上と質的変容など，日本社会の構造的変化を踏まえて，社会保障制度審議会は，上述の 50 年勧告以来の大きな勧告を行った。

その序では，勧告を行う社会的背景として，戦後における個人化の進展が強調されている。その趣旨は次のとおりである。日本では伝統的家族制度と，戦前から形成されてきた近代的家族制度とが，重なり合いつつ解体に向かい，個人化が急激に進んだ。その結果，人権の承認と民主化が進んだ反面，家族の支え合いや社会的紐帯は希薄化した。連帯を抜きにした個人化の進展は，社会の解体をもたらすおそれがある。それゆえ，個人を基底としつつ社会的連帯によって成立する社会保障の役割が，個人化の進む現代においていっそう重要なものとなるに至った。以上が勧告の時代認識である。

このように 95 年勧告は，個人化という現代社会の大勢を念頭に置いて，新しい連帯の装置として社会保障制度を位置づけようとした。95 年勧告は，社会保障制度の理念として「広く国民に健やかで安心できる生活を保障すること」をかかげつつ，社会保険方式による公的な介護保障制度（つまり介護保険）の導入，社会保障と経済と

の関係，社会保障の財源問題などについて，さまざまな提言を行った。

　勧告は，上記の理念に立って社会保障を推進する際の原則として，次の五つを示した。

①　普遍性：全国民を対象とする原則を徹底させ，給付制限要件の合理性をつねに見直し，必要な給付は応分の負担を求めつつ所得・資産状況にかかわらず実施する。

②　公平性：不合理な制度上の格差を是正し，給付と負担の両面で公平な制度とする。

③　総合性：制度間ならびに関連制度との間で連携・調整しながら総合的対応を図り政策効果を高める。

④　権利性：社会福祉給付の権利を明確にする。

⑤　有効性：多様化・高度化する国民のニーズに対応するため，負担増に備え政策をつねに見直しつつその有効性・効率性を高める。

　また勧告は，改革の基本的方向として，老若男女・障害健常の別なく主体的に社会へと参加し，能力を十分発揮できる福祉社会を標榜している。そして国民が自立と社会連帯を目指して不安に対応するという視点に立った制度改革を提言するが，改革にあたっては国民の理解と協力が不可欠であることが繰り返し強調されている。

　このように95年勧告は，今日の成熟した社会において，国民が国家に期待すべきセキュリティ（安全，安心）が，質的な転換を遂げたことを真正面から受け止め，この転換に挑もうとした。セキュリティの質的転換とは，社会的に求められるセキュリティが，物質的欠乏への対処を超えて「健やかで安心できる生活」の保障へと高度化したことを指す。また勧告は，自立した個々人の安心をベースにした社会連帯と参加型の福祉社会の創造という未来志向の展望を示しているが，それは今も大きな宿題として私たちに実現を迫り続けているのである。

2.3　二つの勧告と制度像の転換

　この二つの勧告からは，「社会保障制度によって何をどこまで保障するか」という問いへの応答が，制度づくりがはじまった時期と現在では，大きく異なっていることがわかるだろう。50年勧告と95年勧告の間にはいかなる制度像の転換がみられるかを簡単に整理してみたい。

　50年勧告は，「何を保障するか」という点では，いっそう体系的な制度によってカバーされた社会生活の保障を求めたといえる。それまでは「保障のない生活」が一般的であり，勧告は，新たに「保障のある生活」を国民各層に提供しようとしたのである。そして「どこまで保障するか」という点では，防貧と救貧，つまり貧困を防げる程度の保障と，貧困が生じた場合の最低生活保障を求めたといえるだろう。

　これに対して95年勧告は，「何を」という点では，50年勧告以来の社会保障制度を前提にしたうえで「健やかで安心できる生活」の保障を求めたといえる。そして「どこまで」という点では，「健やか」「安心」をうたっている以上，救貧・防貧という水準にとどまるものではなかろう。むしろそこには，量的な向上よりも質的な向上を図っていくという方向性が読み取れる。つまり，その「どこまで」は，サービスや給付

をどこまで保障するかという量的な問題というよりも，これまで整えられてきた制度を五つの推進原則にそって維持ないし充実させつつ，人びとの差異や多様性を尊重し，より民主的な社会をどこまで築いていけるか，という質的な次元の問題が問われる段階になったということである。

　このように，社会保障制度をどのようにつくっていくかが問われていた段階はとうに過ぎ去り，今日では，つくりあげられた制度を社会のインフラとして補修・点検しながら，そのうえで成熟社会のセキュリティをどう構想し実現していくかが問われる段階に入ったといえよう。次節では，社会のインフラとしての社会保障制度の仕組みをとらえていくことにしよう。

3．社会保障制度の仕組み

3．1　社会保障制度の分野と方法

　社会保障制度の仕組みを理解するには，「分野」と「方法」を区別しつつ，それらをクロスさせてとらえることが重要である。ここでいう分野とは，政策目標ごとに制度を分類したものをいう。方法とは，政策目標を追求・達成するための制度技術（財源・資源配分の方式など）のことをいう。おおまかにいえば，分野は政策目標，方法は政策手段，ということになるだろう。

　表2-1には社会政策の分野と方法を示した。一般的な社会保障制度よりも広範囲の施策が示されているが，大は小を兼ねるだろう。なお，社会政策とは，社会生活の維持・向上にかかわる政府の取り組みを包括的にとらえるための理論的な概念であって，社会保障の上位概念であると考えてよい。

　社会政策の方法は，「社会給付」と「社会規制」に大別される。社会給付はさらに社会保険，社会扶助，社会サービスという三つの方法に区別される。社会給付とは，主として政府によって提供されている給付・サービスの総称である。事実上，社会保障制度は，ほとんど社会給付だけから成り立っているといえる。これに対し社会規制

表2-1　社会政策の分野と方法

方法 分野	社会給付			社会規制
	社会保険	社会扶助	社会サービス	
雇用保障	労働保険	（生活保護の生業扶助）	雇用促進・就労支援サービス	最低賃金 労働基準
所得保障	年金保険	生活保護 児童手当	年金相談 ケースワーク	各種控除
健康保障	医療保険	公費負担医療	保健サービス	公衆衛生 医療・薬事規制
自立保障	介護保険	児童扶養手当 各種福祉手当	教育・住宅・保育・福祉サービス	各種事業基準 差別是正措置

とは，政府による規制（一定の規則に基づいて一定の行為を禁止・制限すること）のうち，労働基準，雇用の機会均等，差別撤廃などのように，「市民生活の安定や向上に寄与することを直接の目的とした規制」[1] を指す。

　議論となるのは，社会扶助と社会サービスの区別や関係のとらえ方であろう。しばしば社会扶助に公的扶助，社会手当とともに社会サービスを含めてとらえることがある。そのとらえ方は税方式（給付の財源が租税）として一括できる，という観点に基づいている。しかしながら本章では，そうした社会扶助のとらえ方の正しさを認めつつ，財源方式ではなく給付形態に着目し，社会扶助には公的扶助と社会手当だけを含めつつ，社会サービスを独立した方法としてとらえている。

3.2　社会保障の方法

　ここでは社会保障の方法として，社会給付（社会保険，社会扶助，社会サービスの三つ）をとりあげて解説する。

（1）社 会 保 険

　社会保険は，老齢・疾病・障害・稼ぎ手の失業や死亡などによって，収入が減少したり途絶えたりすること（あるいは介護や医療が必要な状態になること）など，多くの人びとに共通に生じうる社会生活上のリスクや事態を保険事故として設定し，社会連帯という考え方のもとで互いに支え合う（貢献＝拠出し合う）方法である。社会保険は民間の保険と異なり，強制加入とされるのが一般的である。

　給付の財源については，保険料だけでまかなう場合もあれば，租税・事業主負担と保険料を組み合わせてまかなう場合もある。国によっては労働者の組合が運営している例もみられるが，国や地方自治体などの公共団体が運営主体（保険者）となる。社会保険という方法は，日本を含む多くの国で，所得保障だけでなく，雇用保障や健康保障などでも用いられている。

（2）社 会 扶 助

　上述したように社会扶助は公的扶助と社会手当からなる。

　公的扶助とは，事前の拠出なしに，資力調査（ミーンズ・テスト）によって公式に貧困と認定された人びとに，主として現金給付を行い，最低生活の維持を図る保障の方法である。日本における公的扶助を用いた所得保障の制度は生活保護制度とよばれる。ただし生活保護制度は日々の生活費だけでなく，医療・教育・介護などの費用もまかなうとともに，受給者に対する社会サービス（ケースワークや就労支援サービス）も実施する包括的な扶助制度となっている。つまり生活保護制度は，分野を横断して，その全体を下支えしているのであって，「セーフティネットの中のセーフティネット」や「最後のよりどころ」となっている。

　公的扶助を用いた制度（以下，公的扶助制度）では，資力調査による認定が要件とさ

れる。しかし，個人のプライバシーに立ち入ることもある厳格な資力調査への嫌悪感や，周囲の人びとだけでなく受給者本人すらも抱く扶助受給への否定的意識のため，公的扶助制度にはスティグマ（恥の意識）が伴いやすい。そうした要因のために，必要な人が申請を手控える結果，漏給が生じることもある。また，虚偽の申請等による不正受給や，給付のほうが稼働収入より高額である場合に就労自立をためらってしまう貧困の罠などが問題視されることが多い。

　社会手当とは，社会保険と公的扶助の中間的性格をもつ保障の方法である。社会手当を用いた制度には，児童手当制度，児童扶養手当制度のほかに，障害児・者向けの各種手当（特別児童扶養手当，障害児福祉手当，特別障害者手当，特別障害給付金）がある。それらがどうして社会保険と公的扶助の中間であるかといえば，社会保険とは異なって事前の保険料拠出はなく，公的扶助と同様に公費を財源としているからであり，また，公的扶助とは異なって資力調査はなく，社会保険と同様に所定の事由が発生したときに給付がなされるからである。ただし，社会手当における所定の事由は，社会保険の保険事故よりも限定的である。例えば児童手当制度は，児童の養育という事由が発生した（要件に合致した）場合に給付がなされる。しかしながら，社会手当では資力調査がなされないものの，所得調査（インカム・テスト）つまり所得制限がなされるのが一般的である。

（3）社会サービス

　社会サービスとは，「一般的な社会生活をするにあたって，個人で解決できない生活上の問題を公共的に解決し，生活上の種々の便宜を公共的に提供していくこと」[2] をいう。社会保障の方法としての社会サービスは，現金給付ではない形態で人びとの社会的必要を満たす方法であり，いわゆる現物給付のことをいう。

　ただし現物というと，物質的な「もの」としての設備や道具がイメージされやすいが，そうした有形のものばかりでなく，非物質的で無形のものも含まれる。つまり有形無形の資源をじかに提供して必要を充足することが，現物給付としての社会サービスだということである。無形の資源とは，知識・情報・地位・資格・状況といった抽象的な存在であり，言葉にしようとすると難しくなる。ともあれ，対人的なケア（保育，介助，介護など）や相談援助といえば，すぐにピンとくるはずである。

　実際のところ，何を現金給付とし何を現物（社会サービス）として提供するかについて，原則のようなものがあるわけではない。今日の日本では，介護や保育は社会サービスとして提供されているが，サービス市場の形成や規制システム等の条件が整えば，現金給付として提供するということも十分にありうるのである。現金給付は自由度が高すぎて使途が定めにくいことが懸念されるのであれば，バウチャー（利用券）という現金と現物の中間的な給付の方法もある。

3.3　社会保障制度の分野と個別制度の概要

（1）雇 用 保 障

　雇用保障は，経済政策による雇用創出が大前提となるが，社会給付や社会規制を通じて，失業や労働災害（労災）といったリスクを管理し，雇用のセキュリティを高める社会政策的対応も重要である。雇用保障分野の社会保障制度は労働保険とよばれる。雇われて働いている人びとだけを対象とした制度であり，具体的には雇用保険制度と労働者災害補償保険制度（通称・労災保険制度）のことをいう。

　雇用保険制度の主な役割は，求職時の所得保障にある。保険者は国であり，ほとんどの事業所には雇用保険が適用され，そこで働く労働者は強制的に被保険者となる。就職や雇用継続という目的を達成するための給付に，① 就職促進給付，② 教育訓練給付，③ 雇用継続給付がある。こうした給付のほかに，被用者の職業安定を目的とした雇用安定事業と能力開発事業があり，その多くは事業主に対する助成金として実施されている。

　労災保険制度は，政府が保険者となって，労働災害に被災した被用者に生活費や医療費等を保障する制度である。その特徴は，給付のための費用が，事業主の拠出する保険料によって大部分まかなわれ，被用者自身は保険料を負担しないところにある。労災保険給付は，医療費や生活の保障ではなく，事業主が被用者に危険な仕事をさせてしまった償い（補償）として提供されてきたため，労働者災害補償保険という名称になっているのである。給付には，① 療養補償給付（労災病院や労災指定病院での治療が原則で，通勤災害のみ 200 円の一部負担がある），② 休業補償給付（60％相当の賃金を支給），③ 傷病補償年金（1 年半経過後も治癒しない場合に支給）などがある。その他，社会復帰促進等事業も実施している。

（2）所 得 保 障

　現代社会では，働いて得た収入で暮らしを立てることが基本とされる。だが，本人あるいは稼ぎ手の休職・失業・退職・死亡などにより，生活を維持するための購買力が不足するときがある。そうした場合に備え，さまざまなリスクや生活困難に直面しうる人びとが，個々の状況や利害を超えて，互いの購買力を維持し合うよう仕向ける制度がある。所得保障分野は，そのような制度から構成される。

　所得保障分野には，社会保険の方法を用いて生活困難を予防するための制度と，社会扶助（公的扶助と社会手当）の方法を用いて生活困難な状態にある者を救済するための制度が含まれる。前者の代表が公的年金保険制度であり，後者の代表が生活保護制度である。

　公的年金保険制度は，1961（昭和 36）年の国民皆年金達成，1985（昭和 60）年の基礎年金導入による制度体系の再編といった二つの大改革を経て今日に至っている。制度は「2 階建て」の仕組みになっており，全国民を対象とする国民年金（基礎年金）が 1 階部分にあたる。一般被用者のための厚生年金や，公務員・私立学校教職員のた

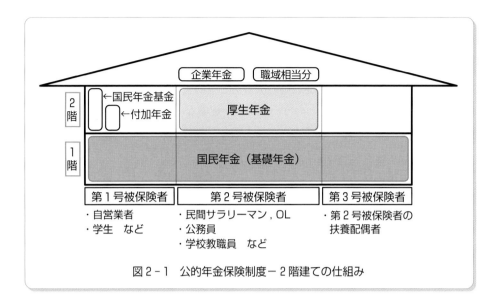

	企業年金	職域相当分

2階　←国民年金基金　←付加年金　　厚生年金

1階　国民年金（基礎年金）

第1号被保険者	第2号被保険者	第3号被保険者
・自営業者 ・学生　など	・民間サラリーマン，OL ・公務員 ・学校教職員　など	・第2号被保険者の 　扶養配偶者

図2-1　公的年金保険制度－2階建ての仕組み

めの共済年金は，退職後などにそれまで支払った保険料に見合った給付（所得比例給付）を行う制度であり，これらが2階部分になる。2015（平成27）年に施行された被用者年金一元化法により，共済年金は厚生年金に統一された。自営業者のためにも，2階部分に相当する国民年金基金があるが，加入は任意となっている（図2-1）。基礎年金の給付には，老齢基礎年金，障害基礎年金，遺族基礎年金がある。

　社会保障制度全体の基盤でもある生活保護制度は，さまざまな原因によって貧困状態に陥ったとき，その原因を問わず，申請して支援が必要であると認定された人びとに対して，最低生活保障と自立の助長を図っている。保護（扶助）の種類には，生活扶助，教育扶助，住宅扶助，医療扶助，出産扶助，生業扶助，葬祭扶助，介護扶助の8種類があり，このうち医療扶助と介護扶助は現物給付，その他は現金給付を原則としている。これらの保護は，自宅で行うこと（居宅保護）が原則だが，事情によっては施設での保護もなされる。法定の保護施設には，救護施設や更生施設など五つの種類がある。

（3）健 康 保 障

　働いて暮らしを立てるには健康でなければならない。健康を保障するには，衛生的な環境や健康づくりを促進する公衆衛生や保健サービスが不可欠である。だが，健康基盤がどれだけ整っても，人は病気やけがからは自由になれない。また，医療サービスの提供体制がどれだけ整っても，医療費がネックとなりアクセスが阻害されれば，健康を保障できない。医療費の保障と医療供給の整備は一体不可分といえる。健康保障分野には，以上のような健康づくり・保健のための制度と医療費を保障する制度の双方が含まれる。医療費保障の方法には，所得保障と同様，社会保険と社会扶助がある。社会保障制度において医療費保障の要をなすのは，各種の医療保険制度である。

　　医療保険制度は職業ごとに分立している。一般被用者とその家族のための医療保険は健康保険といい，大企業被用者のための組合管掌健康保険（組合けんぽ）と，中小企業被用者のための全国健康保険協会管掌健康保険（協会けんぽ）がある。また，市区町村単位で運営される自営業者とその家族，そして無業者のための医療保険を国民健康保険（国保）という。医師や土建業などの同業種が国民健康保険組合を結成して国保を運営しているケースもある。この健康保険と国民健康保険が大多数の国民をカバーしている。その他，各種の共済制度や船員保険も医療保険を実施している。また，医療に対する必要度や需要が大きい後期高齢者（75歳以上）については，これらとは別立ての制度である後期高齢者医療制度によって医療費を保障している（ただし財政調整面では各医療保険と水面下で深くリンクしている）。

　　他方で，健康保障には長期ケア（介護）の保障も欠かせない。日本では社会保険によって，老化に伴う要介護・要支援状態の発生に備えている。介護保険制度は，高齢者介護の社会化を図るための制度であり，健康保障と自立保障の双方にまたがる性質を有している。保険者は市町村と特別区である。給付には，①介護給付，②予防給付，③市町村特別給付がある。医療保険と異なり，介護保険では，サービスを利用するには，市町村に申請し認定されねばならない。要介護や要支援として認定された被保険者がサービスを受ける場合には，介護サービス計画（ケアプラン）の作成が求められる。その作成は介護支援専門員（ケアマネジャー）に依頼することができる。在宅では居宅サービス計画が，施設では施設サービス計画が作成される。介護予防サービスについては，地域包括支援センターが介護予防サービス計画を作成する。居宅サービスを受ける場合，要介護度に応じて給付限度額が定められている。

（4）自立保障

　　私たちの社会は相互依存によって成り立ち，程度の差はあれ，誰もが何か／誰かに依存して暮らしている。日本を含む先進諸国では，私的な依存（家族の扶養やケア）が期待できない人びとに，その代替物が公的に提供されてきた。自立保障分野はこうした公的な依存の保障を行う諸制度を中心に構成されている。

　　前述したように，日本国憲法第25条の第2項は「国は，すべての生活部面について，社会福祉，社会保障及び公衆衛生の向上及び増進に努めなければならない」とうたっている。この規定を受ける形で社会福祉は，所得保障，医療保障，公衆衛生と並ぶ社会保障制度の一分野として位置づけられてきた。

　　先にみた50年勧告は，「社会福祉とは，国家扶助の適用を受けている者，身体障害者，児童，その他援護育成を要する者が，自立してその能力を発揮できるように，必要な生活指導，更生補導，その他の援護育成を行うこと」と規定した。日本政府はこの規定を踏まえて社会福祉制度を整備していった。1950年代から60年代にかけて，社会福祉供給体制の骨格（福祉六法体制）が形成された。1970年代には福祉施設の充実が図られた。1980年代になると，脱施設化，在宅・地域福祉，ノーマライゼーシ

ョンの推進などの新たな潮流を受け，旧来の枠組を改めようとする動きが本格化していった。そして1990年代における社会福祉基礎構造改革と，その集大成である社会福祉法の成立（2000年）によって改革の総仕上げがなされた。各種の社会福祉サービスは，社会的な不利を被る人びとの自立と社会参加を支援するための社会保障制度として，ほかの保障分野の施策では満たせない必要の充足を図っている。

4．社会保障制度の役割

4.1　社会保障制度の古典的役割

（1）所得再分配

　所得再分配とは，国が国民の所得からお金を集め，政策的なねらいに依拠して，再び分配し直すことをいう。社会保障制度が所得再分配の役割を果たすことには，所得格差を縮小・是正させる効果が期待されている。

　国が国民の所得からお金を集めるやり方としては，税として徴収する場合もあれば，社会保険料として徴収する場合もある。これに対して，集めたお金の配り方は，きわめて多様かつ複雑である。一見すると所得再分配とは無関係にみえるものであっても，税金を使って実施されているならば，義務教育であれ公共事業であれ何であれ，すべての公共サービスは，なにがしかの所得再分配を行っていることになる。

　しかしながら，そのような一般的な所得再分配とは異なり，社会保障制度を通じた所得再分配は，もうすこしはっきりとしている。特に社会扶助の方法を用いた制度は，税金を多く払っている高所得の人びとが利用することはないので，お金持ちから貧しい人びとへの所得再分配がみえやすい形でなされているといえる。もちろん，かつてはたくさん税金を支払っていた人が貧しくなって生活保護を受給するという場合もあるので，話はそう単純ではない。

　所得再分配には，垂直的再分配，水平的再分配，世代間再分配，保険的再分配といった種類がある。以下，それぞれを簡単に説明する。

　① 垂直的再分配：所得の多い人びとから少ない人びとへの所得移転をいう。
　② 水平的再分配：同じ所得階層間での移転をいう。
　③ 世代間再分配：収入のある世代（現役世代）から収入のない世代（退職世代）への移転をいう。
　④ 保険的再分配：時間的再分配ともいわれ，ある時点（例えば収入のあるとき）の負担が別の時点（例えば収入のないとき）に給付として移転されることをいう。

　おおまかにいえば，公的扶助は垂直的再分配とのかかわりが大きく，社会保険はその他の再分配とのかかわりが大きいといえる。

　では，社会保障制度は所得再分配の役割を果たすことで，ほんとうに所得格差を縮小させているのだろうか。厚生労働省の「平成29年　所得再分配調査報告書」によれば，1世帯あたりの平均当初所得（再分配前の所得）は429.2万円であり，再分配所得は499.9万円とされている。再分配所得とは，当初所得から税金（53.5万円），社会保

険料（58.0万円）を差し引いて，社会保障給付（182.3万円）を加えたものをいう。そして同報告書は，「当初所得での格差の拡大傾向が，社会保障を中心とした所得再分配機能により再分配所得ではほぼ横ばいに抑えられている」と指摘している。

（2）ナショナルミニマム保障

　ナショナルミニマム（national minimum）とは，社会保障制度をはじめとする公共政策によって，国家が国民に保障する最低限度の生活水準を意味している。ナショナルミニマム保障という社会保障制度の役割は，社会保険や社会扶助を通じた給付や社会サービスの提供だけでなく，最低賃金や省令による福祉施設最低基準などの社会規制によっても果たされている。

　もともとナショナルミニマムという概念は，イギリスのフェビアン協会の理論的指導者であったウェッブ夫妻（シドニー＆ベアトリス）が広め，労働－福祉政策の基本原則や理念として発展させたものである。イギリス福祉国家建設に大きな影響を与えたベヴァリッジ報告では，具体的な政策概念（給付水準）として用いられ，この考え方が各国に広まった。

　ナショナルミニマム保障は生存権保障と同一視されることがある。生存権保障とは，日本国憲法第25条が規定する「生存権」の理念を制度的に実現することを意味する。生存権は基本的人権の一つであり，社会保障制度を通じてこれを具体化することは国家の重要な責務とされる。もちろん生存権を保障するための制度は，社会保障制度だけではない。雇用・教育・住宅制度などの多様な社会政策が生存権保障の役割を担っている。単純化していえば，生存権は各種の社会政策によるナショナルミニマム水準の保障を裏づける法的根拠であるといえる。

（3）防貧と救貧

　防貧とは，貧困を予防する役割を指し，救貧とは，すでに貧困状態にある者を救済する役割を指している。前者は，主に社会保険や社会手当の方法を用いた制度に期待され，後者は，主に公的扶助の方法を用いた制度に期待されている。どちらも「貧困」への対応を基準にした役割概念であるが，ことさらに貧困を強調しないなら，防貧は，生活不安定化要因としてのリスクに備える事前の対応として，救貧は，発生したリスクや必要不充足に対する事後の対応として，対応のタイミング（事前性と事後性）に着目した役割であると位置づけ直すこともできる。

（4）経済や社会の安定化

　多くの論者は，社会保障制度が政治・経済・社会の統合と安定化に寄与する役割を担っていると指摘している。しかしその表現の仕方は論者によってまちまちである。社会全体のまとまりを概念化するうえで，社会学ではシステム統合と社会統合という区別が用いられることがある。おおざっぱにいえば，システム統合とは，社会制度や

経済制度などの安定とまとまりに寄与することであり，社会統合とは，人びとの意識や社会関係の安定とまとまりに寄与することであるといえる。

経済の安定化として述べられている役割は，システム統合にあたるだろう。それは，社会給付の受給者の所得を維持することで，消費需要を一定に保ち，結果として景気変動をなだらかにする役割を指している。これはビルトイン・スタビライザー効果ともいわれる。また，社会給付による消費需要（有効需要）の創出や維持のほか，社会保障制度の運営に必要なマンパワーの育成・雇用や設備投資が，経済成長に貢献するとされる。

そして政治・社会の安定化として述べられている役割は社会統合にあたるだろう。それはシステム統合と同じく，上記のさまざまな役割を通して担われるマクロな役割である。具体的には，所得再分配や最低生活保障によって，社会的・政治的な敵対関係のもととなる多様な契機（階級や階層の分化，経済的・社会的な格差や不平等など）を緩和ないし解消させたり，社会保険による互助・互酬（助け合い）を通じて人びとの連帯意識を高めたりする役割を指す。

社会保障制度はこうした一連の役割を果たすことで，資本主義という矛盾に満ちた体制の維持に貢献するという大きな役割を果たしていると解釈することができる。同時に，社会保障制度は，ナショナルミニマムを保障し，人びとの生活の安定化と向上を図り，所得格差を是正することで，自由で民主的な社会の実現に寄与していると解釈することもできる。

以上は，社会保障制度が創設当初から果たしてきた「古典的」な役割といえるが，セーフティネットとリスク分散は，近年になって強調されるようになったという意味で現代的な役割といえる。

４.２　社会保障制度の現代的役割

（１）セーフティネット

セーフティネットとは，市場経済における自由競争の結果，敗者として貧困に陥ってしまう場合への備えを意味する。社会保障制度がセーフティネットとしての役割を果たすおかげで，人びとは経済活動に際して，失敗をおそれずに挑戦したり競争に励んだりするようになると期待されている。なお，セーフティネットは社会保障制度だけではなく，市場を補完するすべての制度や慣行のことを意味する場合がある。

しかしながら，セーフティネットという役割は，敗者として脱落してきた人びとを受け止めることに終始しがちである。近年では社会保障制度に対し，脱落した人びとをもう一度市場経済へと跳ね返すスプリングボード（トランポリン）の役割を果たすことが期待されている。就労支援や自立支援，積極的労働市場政策（アクティベーション）とよばれる取り組みは，そうしたトランポリンとしての役割を重視している。

（2）リスク分散

　リスク分散とは，生活を脅かすさまざまなリスクを社会化・共同化し，みなで分かち合うことをいう。社会保障におけるリスクは，多くの人びとの生活を脅かす可能性が高い事態のことをいい，しばしば社会的リスクともよばれる。つまりリスク分散とは，生活不安定化の要因と認められる社会的リスクを，国民各層に共有させていく役割を指すのである。生活不安定要因のうち，老後における所得の減少・喪失，病気・けが・障害・出産・失業など，多くの人びとに共通するリスクが社会保険事故として設定されてきたが，これらは社会的リスクの典型とみなすことができる。

　しかし生活を脅かすリスクのすべてが，社会保険事故としてカバーされるわけではない。規格化しにくく備えられなかったリスクが発生し，必要不充足や貧困として現れた場合には，公的扶助制度による補完的な対応が求められていく。なお，今日では，かつて以上にそうした保険化をすり抜けたリスクが増え，公的扶助制度が機能不全に陥っている。その大きな要因は，非正規雇用の増大が，ワーキングプアという「働ける／働けない」という従来の二分法ではとらえられない新しい貧困を生み出したことに見出せる。公的扶助制度の機能不全を克服し，こうした新しい貧困に対処するために，2013（平成25）年に成立した生活困窮者自立支援制度のように，上述のトランポリン型の就労・自立支援の導入が進められているのである。

文　　献

●引用文献
1)　武川正吾：『連帯と承認：グローバル化と個人化のなかの福祉国家』東京大学出版会，p.13（2007）
2)　佐口　卓・土田武史：『社会保障概説　第4版』光生館，p.34（2003）

●参考文献
・圷　洋一・堅田香緒里・金子　充・西村貴直・畑本裕介：『社会政策の視点：現代社会と福祉を考える』法律文化社（2011）
・圷　洋一：『福祉国家』法律文化社（2012）
・一圓光彌編：『社会保障論概説　第3版』誠信書房（2013）
・『社会福祉学習双書』編集員会編：『社会福祉学習双書2017　第6巻　社会保障論』全国社会福祉協議会（2017）
・広井良典：『日本の社会保障』岩波書店（1999）
・堀　勝洋編：『社会保障読本　第3版』東洋経済新報社（2004）
・椋野美智子・田中耕太郎：『はじめての社会保障：福祉を学ぶ人へ　第14版』有斐閣（2017）

生活困窮者のための福祉制度・施設

1. 公的扶助制度の歴史

　生活困窮者のための福祉制度の中心となるのは公的扶助制度である。その公的扶助制度の中核をなすものが生活保護制度である。すでに第1章でも述べられているが，本章ではまず公的扶助制度の歴史をたどり，どのような経緯で現行の「生活保護法」が成立するに至ったのかについて解説する。

1.1　恤救規則

　明治維新によって政治や社会が混乱し，生活に困窮する人が増大する中，明治政府は，1874（明治7）年に恤救規則を制定した（p.10参照）。恤救規則は，前文および五つの条項からなる簡素なものであり，救済内容も当時の水準からすれば十分なものではなかった。

　恤救規則における救済の原理は，「人民相互ノ情誼」，すなわち家族や近隣による相互扶助を基本とし，それでも救済が必要な「無告ノ窮民」に対してのみ救済を行うというものであった。具体的な救済の対象としては，① 廃疾者（重度障害者），② 70歳以上の重病者・老衰者，③ 病人，④ 13歳以下の者である。このような対象の規定からわかるように，恤救規則は救済にあたり，その対象となる者を身寄りがなく労働能力のない貧民に限定するという制限扶助主義を採用していた。

1.2　救　護　法

　第一次世界大戦後の物価高騰，世界恐慌などによる生活困窮者の増大に対処すべく，恤救規則に代わって新たに救護法が成立した。救護法の制定は，1929（昭和4）年であったが，法制定後に政権交代した浜口雄幸内閣が緊縮財政政策をとっていたために，施行は1932（昭和7）年にずれ込んだ。

　全6章からなる救護法は，救済を国の責任とすること，救護の機関を市町村とすること，救護費用の一部を国が負担することなどを定めた。このように救護法は，先の恤救規則と比べて，理念的にも内容的にも前進したものであった。

　他方，救護法は，救済の対象を① 65歳以上の老衰者，② 13歳以下の幼者，③ 妊産婦，④ 疾病あるいは精神・身体の障害によって労務を行うのに支障がある者等に限定していた（制限扶助主義）。また，理由なく救護に関する調査を拒んだり，性行が

著しく不良または怠惰である場合は救護しないといった条項（欠格条項）が盛り込まれたこと，被救護者の選挙権が剥奪されることなど，多くの課題も有していた。

1.3　(旧)生活保護法

　1945（昭和 20）年に終戦を迎えた日本は，食料，住宅，衣類といったすべての生活用品が不足した国民総生活困窮状態にあった。政府は臨時応急的な措置として同年に生活困窮者緊急生活援護要綱を閣議決定し，対応にあたった。翌 1946（昭和 21）年には，連合国軍最高司令官総司令部（GHQ）より，政府に対して社会救済に対する覚書（SCAPIN 775）が提出された。これには公的扶助に関する原則（① 無差別平等の原則，② 国家責任の原則，③ 公私分離の原則，④ 必要充足の原則）が明記されていた。これらの原則に基づいて同年 9 月に制定され，10 月より施行されたのが(旧)生活保護法である。

　救護法では労働能力のある貧民を保護の対象から除外していたが，(旧)生活保護法では，無差別平等とした。また，保護を実施する責任が国家にあることを明確化した。これらは(旧)生活保護法で初めて取り入れられたものであり，公的扶助の歴史において画期的なことであった。

　しかし，(旧)生活保護法には，救護法にみられた欠格条項が残されていたこと，保護請求権が認められていないなどの課題もあった。

1.4　生活保護法

　日本国憲法第 25 条には，「すべて国民は，健康で文化的な最低限度の生活を営む権利を有する」と明記されている。これは国民の生存権を保障したものである。上述のように(旧)生活保護法には，欠格条項が残っていたり，保護請求権が認められていないなど，この生存権と抵触するような規定が残されていた。そこで(旧)生活保護法の改正に向けた報告書「生活保護制度の改善強化に関する件」が 1949（昭和 24）年に社会保障制度審議会から提出された。これを受けて 1950（昭和 25）年に制定されたのが，生活保護法（現行法）である。

2．生活保護法

　ここでは，生活保護法の目的，原理・原則，仕組み，現状等について解説する。

2.1　生活保護法の目的

　生活保護法の目的は，「日本国憲法第 25 条に規定する理念に基き，国が生活に困窮するすべての国民に対し，その困窮の程度に応じ，必要な保護を行い，その最低限度の生活を保障するとともに，その自立を助長すること」（第 1 条）である。

2.2　保護の原理・原則
（1）四つの原理

　生活保護法は全13章と附則からなる法律である。第1章の総則では，①国家責任の原理，②無差別平等の原理，③最低生活保障の原理，④補足性の原理という四つの原理が定められている。その内容を法律に則して記すと以下のとおりである。

　① 国家責任の原理（第1条）：生活に困窮する国民の最低生活保障を国がその責任において実施する。

　② 無差別平等の原理（第2条）：すべて国民はこの法律に定める要件を満たす限り，生活困窮者の性別，社会的な身分等によって優先的または差別的な扱いを受けることなく，保護を受けることができる。

　③ 最低生活保障の原理（第3条）：この法律によって保障される最低限度の生活は，健康で文化的な生活水準を維持することができるものでなければならない。

　④ 補足性の原理（第4条）：保護は，生活に困窮する者が，その利用し得る資産，能力，その他あらゆるものをその最低限度の生活の維持のために活用することを要件として行う。

（2）四つの原則

　第2章の保護の原則では，①申請保護の原則，②基準及び程度の原則，③必要即応の原則，④世帯単位の原則の四つが定められている。その内容を法律に則して記すと以下のとおりである。

コラム　補足性の原理をめぐって

　補足性の原理は，保護を受けようとする者が保護を受ける前に，各人のもつ資産や能力を最大限活用することを求めるものである。生活保護制度を利用するにあたって，資産や所得等を把握するための調査である「ミーンズ・テスト」が行われるのは，この原理があるためである。
　補足性の原理には，上に述べた資産や所得だけでなく，自己の働ける能力（稼働能力）の活用も含まれる。過去の判例では，保護申請者に働ける能力があり，かつそれを活用する意思があっても，実際に働ける場がなければ，稼働能力を活用していないとはいえない，とされている。しかし，働く意思があっても働く場所がないということを申請者自身が客観的に示すことは難しいため，このことを理由に稼動年齢層（15〜64歳）が生活保護制度から排除されてしまうこともある。
　また補足性の原理においては，民法に規定されている扶養義務者（親子や夫婦，きょうだい，3親等内の親族）の扶養義務の履行を保護に優先させている（ただし，3親等内の親族においては特別な事情がある場合に限る）。しかし，先進諸国の扶養義務の範囲を比較した厚生労働省の調査によれば，きょうだいや自分の親にまで扶養義務を課しているのは少数である。社会・文化的条件が生活保護法制定時と大きく異なる今日，扶養義務の範囲は，今後の生活保護のあり方に関する議論の焦点の一つとなるだろう。

① 申請保護の原則：保護は，要保護者，その扶養義務者またはその他の同居の親族の申請に基づいて開始する。ただし要保護者が急迫した状況にあるときは，保護の申請がなくても必要な保護を行うことができる（職権保護）。

② 基準及び程度の原則：保護は，厚生労働大臣の定める基準により測定した要保護者の需要を基とし，そのうち，金銭または物品で満たすことのできない不足分を補う程度において行う。また，この基準は要保護者の年齢など必要な事情を考慮した最低限度の生活需要を満たすに十分なものであって，かつ，これをこえないものでなければならない。

③ 必要即応の原則：保護は要保護者の年齢別，性別，健康状態等その個人または世帯の実際の違いを考慮して，有効かつ適切に行う。

④ 世帯単位の原則：保護は，世帯を単位としてその要否，程度を定めるものとする。ただし，これによりがたいときは個人を単位として定めることができる。

2.3　保護の種類と方法

生活保護法による最低生活の保障は，基本的に以下の 8 種類の扶助により実施される。

① 生活扶助：日常生活に必要な費用（食費・被服費・光熱水費等）

② 住宅扶助：アパート等の家賃等

③ 教育扶助：義務教育を受けるためにかかる費用

④ 医療扶助：医療サービスを受けるときの費用

⑤ 出産扶助：出産にかかる費用

⑥ 生業扶助：就労に必要な技能の修得等にかかる費用（高等学校等に就学するための費用を含む）

⑦ 葬祭扶助：葬祭にかかる費用

⑧ 介護扶助：介護サービスを受けるときの費用

それぞれの扶助は，金銭または現物で給付される。

2.4　保護の実施と要否判定

保護の決定・実施に関する実務は，要保護者の居住地，または所在地を所管する都道府県知事，市長が行うことになっている（福祉事務所を設置する町村では町村長）。しかし，ほとんどの自治体では，福祉事務所を設置し，その事務を福祉事務所長に委任している。この場合，実際の保護の実施はそれぞれの福祉事務所が行うことになる。

保護の実施機関に保護の申請があったときは，厚生労働大臣が定める最低生活費と，保護を申請した者（世帯）の収入・資産のうち最低生活に充当すべき額とを比較し，後者が前者に満たない場合に保護の決定がなされる。保護の要否の結果は，原則として申請から 14 日以内に申請者に書面で通知しなければならない。

表 3-1　地域による保護基準額の違い

	東京都区部等	地方郡部等
3人世帯（33歳，29歳，4歳）	158,900 円	133,630 円
高齢者単身世帯（68歳）	79,550 円	65,500 円
高齢者夫婦世帯（68歳，65歳）	120,410 円	100,190 円
母子世帯（30歳，4歳，2歳）	189,190 円	161,890 円

出典）厚生労働省：生活保護制度の概要等について「第1回生活保護基準の新たな検証手法の開発等に関する検討会」（2019）

　表 3-1 は，いくつかの世帯類型ごとに保護基準額を東京都区部等と地方郡部等に分けて示したものである。生活保護法では，第 8 条第 2 項に基づき，地域ごとに生活水準の差があることを踏まえ，生活保護基準に地域差を設けている。地域ごとに基準額が異なるのはそのためである。

2.5　生活保護の動向
（1）被保護人員・保護率
　生活保護を受けている人員数は，そのときどきの社会・経済情勢に呼応して増減する。例えば失業率が上がると，生活保護を受けている人も多くなる傾向にある。図 3-1 は，生活保護を受けている実人員（月平均）と保護率（‰）の推移を示したものである。ここでは主に近年の動向について解説する。被保護人員・保護率ともに最も

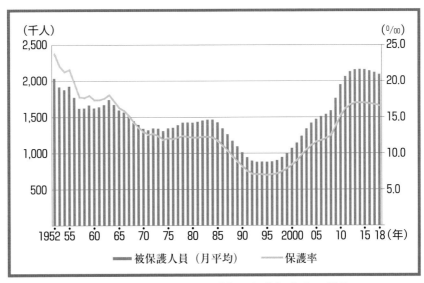

図 3-1　被保護人員（月平均）と保護率（‰）の推移
出典）厚生労働省：福祉行政報告例より筆者作成

少ない値を示したのは，1995（平成7）年である。このときの保護人員は約88万人，保護率は7.0‰であった。しかし，それ以降は，保護人員・保護率とも増加傾向にあり，特に2008（平成20）年以降の伸びが著しいことがわかる。2018（平成30）年時点の被保護人員は約209万人，保護率は16.6‰となっている。

（2）世帯類型別の動向

2018（平成30）年時点で生活保護を受けている世帯数は約163万世帯である。生活保護制度では，被保護世帯を次の四つに分けている。

① 高齢者世帯：男女とも65歳以上の者のみで構成されている世帯か，これらに18歳未満の者が加わった世帯。

② 母子世帯：現に配偶者がいない65歳未満の女子と18歳未満のその子（養子を含む）のみで構成されている世帯。

③ 障害・傷病者世帯：世帯主が入院しているか，在宅患者加算または障害者加算を受けている世帯，もしくは世帯主が傷病，知的障害などの心身上の理由のため働けない者である世帯。

④ その他の世帯：高齢者世帯，母子世帯，障害・傷病者世帯以外の世帯。

図3-2はこの類型別に，構成割合の推移をみたものである。高齢化の進展に伴って，高齢者世帯の割合が最も高くなっている。2018（平成30）年の時点でその割合は54.7％である。また，近年その割合の増加が顕著なのは，その他の世帯である。その他の世帯は2008（平成20）年から急激に増加しはじめ，2018（平成30）年時点で，構成割合の15.1％を占めるまでになっている。この背景には，2008（平成20）年9月に起きた世界的金融危機（通称・リーマンショック）により，少なくない稼動年齢層の人びとが職を失い，生活保護を受給せざるを得なくなったことがある。

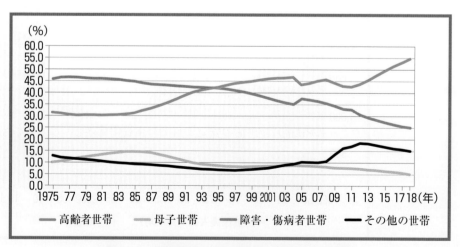

図3-2　世帯類型別被保護世帯の構成割合の推移
出典）国立社会保障・人口問題研究所資料より筆者作成

　なお，生活保護受給世帯における世帯人員別世帯数については，ひとり世帯（単独世帯）が全体の約80％を占めている。

3．低所得者対策

　生活困窮者のための福祉制度には，これまで述べてきた生活保護制度のほかに，① 生活福祉資金貸付制度，② 児童手当制度，③ 児童扶養手当制度，④ 特別児童扶養手当制度，⑤ 公営住宅制度，⑥ ホームレス対策などがある。

3．1　生活福祉資金貸付制度

　生活福祉資金貸付制度とは，生活の安定や経済的な自立を支援することを目的として，無利子または低利子で生活に必要な資金を貸し付ける制度である。貸付の対象世帯は表3-2のとおりである。なお生活保護世帯についても同制度を利用することができるが，貸付にあたっては，生活保護を受けている福祉事務所長の意見を聞かなければならないことになっている。

　この制度の実施主体は，都道府県社会福祉協議会であるが，貸付業務の一部は市町村社会福祉協議会に委託されている。

　貸付の種類は大きく分けて，① 総合支援資金，② 福祉資金，③ 教育支援資金，④ 不動産担保型生活資金に分かれており，それぞれ貸付条件（額，償還期限，利子，保証人の必要性）が異なる。

3．2　児童手当制度

　児童手当制度とは，中学校修了までの児童1人につき，月額1万5,000円または1万円を支給する制度である。支給対象児童と1人あたりの月額は表3-3のとおりである。

　ただし，手当を受け取る人の所得が，一定の所得を上回る場合には支給されない。申請の手続きは，住所地の市町村である。

3．3　児童扶養手当制度

　児童扶養手当制度とは，父または母と生計を同じくしていない子どもが育成される家庭（ひとり親家庭等）の生活の安定と自立の促進に寄与し，子どもの福祉の増進を図ることを目的として，そのための資金を支給する制度のことである。

　児童扶養手当の額は，受給資格者（ひとり親家庭の父・母など）が監護または擁護する子どもの人数や受給資格者の所得によって異なる。2020（令和2）年4月現在，支給される額は，子ども1人の場合で全部支給される場合は4万3,160円，一部支給の場合は4万3,150円から10,180円である。子どもが2人以上いる場合は，2人目10,190円，3人目以降1人につき6,110円が加算される（所得に応じて一部支給）。申請の手続きは，住所地の市町村である。

表 3-2　生活福祉資金貸付制度の対象世帯

対象世帯	世帯の説明
低所得者世帯	必要な資金を他から借り受けることが困難な世帯（市町村民税非課税程度）
障害者世帯	身体障害者手帳，療育手帳，精神障害者保健福祉手帳の交付を受けた者等の属する世帯
高齢者世帯	65 歳以上の高齢者の属する世帯

表 3-3　児童手当の支給対象と児童 1 人あたりの月額

支給対象	児童 1 人あたり支給される額（月）
0 歳～3 歳未満	15,000 円（一律）
3 歳～小学校修了前	10,000 円 （第 3 子以降は 15,000 円）
中学生	10,000 円（一律）

3.4　特別児童扶養手当制度

　特別児童扶養手当制度とは，精神または身体に障害のある児童について手当を支給することにより，これらの児童の福祉の増進を図ることを目的とする制度のことである。支給月額は，障害の程度が 1 級で 5 万 2,500 円，2 級で 3 万 4,970 円である（2020（令和 2）年現在）。ただし，受給者もしくはその配偶者または，扶養義務者の前年の所得が一定の額を超えると，手当は支給されない。申請の手続きは，住所地の市町村である。

3.5　公営住宅制度

　公営住宅制度とは，公営住宅法（1951 年）に基づき住環境を整備する制度である。
　公営住宅法は，「国及び地方公共団体が協力して，健康で文化的な生活を営むに足りる住宅を整備し，これを住宅に困窮する低額所得者に対して低廉な家賃で賃貸し，又は転貸することにより，国民生活の安定と社会福祉の増進に寄与すること」（第 1 条）を目的としている。
　公営住宅に入居するためには，① 現に住宅に困窮していることが明らかであること（住宅困窮要件）のほか，② 現に同居し，または同居しようとする親族があること（同居親族要件），③ 収入が一定の金額を超えないこと（入居収入要件）といった要件を満たしている必要がある。ただし，② については，高齢者，障害者などの場合は単身でも入居できることになっている。また ③ についても，入居する人の特性に応じて基準がさまざまに設けられている。

3．6　ホームレス対策

　1990 年代前半，大都市の駅舎・公園・河川などの路上に常態的に寝泊まりせざるを得ない人びとと，いわゆる「ホームレス」とよばれる人びとが急増したため，ホームレス対策がとられるようになった。こうした事態に対処すべく制定された法律が，ホームレスの自立の支援等に関する特別措置法（通称・ホームレス自立支援法，2002 年）である。

　この法律は，「自立の意思がありながらホームレスとなることを余儀なくされた者が多数存在し，健康で文化的な生活を送ることができないでいるとともに，地域社会とのあつれきが生じつつある現状にかんがみ，ホームレスの自立の支援，ホームレスとなることを防止するための生活上の支援等に関し，国等の果たすべき責務を明らかにするとともに，ホームレスの人権に配慮し，かつ，地域社会の理解と協力を得つつ，必要な施策を講ずることにより，ホームレスに関する問題の解決に資すること」（第1 条）を目的としている。

　この法律制定以後，2017（平成 29）年現在まで 4 回にわたる「ホームレスの実態に関する全国調査」が実施され，そのたびに「ホームレスの自立の支援等に関する基本方針」を策定・改定している。各自治体は，最新の基本方針に基づきホームレス対策を進めているところである。

4．第二のセーフティネット

　近年，非正規労働者など安定した職に就くことができず，生活困窮に至るリスクの高い人びとが増えている。また稼動年齢層の生活保護受給者も増大している。そのため，社会保険（第一のセーフティネット）や生活保護制度（最後のセーフティネット）の間に新たな制度（第二のセーフティネット）を構築している。

4．1　求職者支援法

　第二のセーフティネットのうち，すでに法制化された制度としては，職業訓練の実施等による特定求職者の就職の支援に関する法律（通称・求職者支援法，2011 年）がある。この法律は，「特定求職者に対し，職業訓練の実施，当該職業訓練を受けることを容易にするための給付金の支給その他の就職に関する支援措置を講ずることにより，特定求職者の就職を促進し，もって特定求職者の職業及び生活の安定に資すること」（第1 条）を目的としている。ここでいう特定求職者とは，「公共職業安定所に求職の申込みをしている者のうち，労働の意思及び能力を有しているものであって，職業訓練その他の支援措置を行う必要があるものと公共職業安定所長が認めたもの」のことである。ただし，雇用保険法に規定する被保険者である者および同法に規定する受給資格者である者は，この特定求職者には含まれない。

　支援の内容としては，① 求職者支援訓練（無料の職業訓練），② 職業訓練受講給付金の支給，③ ハローワークを中心としたきめ細やかな就職支援の三つである。

表3-4　生活困窮者自立支援法の事業

事　業	具体的事業	必須／任意	事業内容
自立相談支援事業の実施及び住居確保給付金の支給	自立相談支援事業	必須	就労その他の自立に関する相談支援，事業利用のためのプラン作成等を行う。
	住居確保給付金	必須	離職により住宅を失った生活困窮者等に対し家賃相当のお金を支給する。
就労準備支援事業，一時生活支援事業及び家計相談支援事業等の実施	就労準備支援事業	任意	就労に必要な訓練を日常生活自立，社会生活自立段階から有期で実施する。
	一時生活支援事業	任意	住居のない生活困窮者に対して一定期間宿泊場所や衣食の提供等を行う。
	家計改善支援事業	任意	家計に関する相談，家計管理に関する指導，貸付のあっせん等を行う。
	子どもの学習・生活支援事業	任意	生活困窮家庭の子どもへの学習を支援する。

出典）厚生労働省

4.2　生活困窮者自立支援法

　上述した求職者支援法のほかに，すでに法制化されているものとして，生活困窮者自立支援法（2013年）がある。この法律は，「生活困窮者自立相談支援事業の実施，生活困窮者住居確保給付金の支給その他の生活困窮者に対する自立の支援に関する措置を講ずることにより，生活困窮者の自立の促進を図ること」（第1条）を目的としている。ここでいう生活困窮者とは，「現に経済的に困窮し，最低限度の生活を維持することができなくなるおそれのある者」と規定されている。

　生活困窮者自立支援法で実施される具体的な事業は表3-4のとおりである。

5．生活困窮者のための施設

　生活困窮者が利用する施設には，生活保護法に定められる施設のほか，生活困窮者・ホームレス自立支援センター，無料低額宿泊所などがある。

5.1　生活保護法に定められる施設

　生活保護法に定められる施設には，① 救護施設，② 更生施設，③ 医療保護施設，④ 授産施設，⑤ 宿所提供施設の五つがある。これらの施設は被保護者の生活を全般的に管理するものが多いため，そのほとんどが第1種社会福祉事業に位置づけられて

いる（医療保護施設のみ第2種社会福祉事業）。第1種社会福祉事業とは，「利用者への影響が大きいため，経営安定を通じた利用者の保護の必要性が高い事業」のことである。そのような事業の性格から，設置主体は，都道府県，市町村，地方独立行政法人，社会福祉法人，および日本赤十字社に限られている。

それぞれの施設の設置目的は表3-5のとおりである。

5.2 生活困窮者・ホームレス自立支援センター

先に述べた「ホームレス」の自立支援に向けた施策の柱となっているのが，大都市を中心に設置されている生活困窮者・ホームレス自立支援センターである。このセンターは「ホームレス」に対し，「宿所及び食事の提供，健康診断，生活相談，指導等を行い，自立意欲を喚起させるとともに，公共職業安定所との密接な連携のもとで職業相談等を行う」（厚生労働省：ホームレスの自立の支援等に関する基本方針）ことを目的として運営される施設である。

表3-5　生活保護法に定められる施設と設置目的

施　　設	設　置　目　的
救護施設	身体上または精神上著しい障害があるために日常生活を営むことが困難な要保護者を入所させて，生活扶助を行うことを目的とする。
更生施設	身体上または精神上の理由により養護および生活指導を必要とする要保護者を入所させて，生活扶助を行うことを目的とする。
医療保護施設	医療を必要とする要保護者に対して，医療の給付を行うことを目的とする。
授産施設	身体上もしくは精神上の理由または世帯の事情により就業能力の限られている要保護者に対して，就労または技能の修得のために必要な機会および便宜を与えて，その自立を助長することを目的とする。
宿所提供施設	住居のない要保護者の世帯に対して，住宅扶助を行うことを目的とする。

5.3 無料低額宿泊所

無料低額宿泊所は，社会福祉法第2条第3項に定める第2種社会福祉事業のうち，その第8号にある「生計困難者のために，無料または低額な料金で簡易住宅を貸し付け，または宿泊所その他の施設を利用させる事業」のことである。無料低額宿泊所は，「ホームレス」の増加と呼応するように，2000（平成12）年以降急激に増加しており，彼・彼女らの主要な受け皿の一つになっている。

2018（平成30）年7月末日現在，施設数は570か所で，定員は2万133人である。実際の入所者数は1万7,067人で，そのうちの1万5,457人（90.6％）が生活保護受給者である。運営主体は，NPO法人が約70％を占めている。

　なお，2020（令和 2）年 4 月に社会福祉法の改正が行われた。具体的には，無料低額宿泊事業の事前届出制の導入，設備や運営に関する法定の最低基準の創設，最低基準を満たさない事業所に対する改善命令の創設といった，法令上の規制が強化された。また，最低基準を満たす無料低額宿泊所について，利用者の日常生活上の支援を行わない宿泊所と，日常生活上の支援を行う宿泊所に分け，前者を現行の呼称である「無料低額宿泊所」，後者を新たに生活保護法第 30 条第 1 項に定める施設としての「日常生活支援住居施設」と位置づけた。

文　　献

●参考文献
- 岩田正美：「日本における公的扶助の位置－社会保障・福祉制度の『孤児』として－」『対論社会福祉学 2』中央法規出版，pp.31 ～ 52（2012）
- 後藤広史：「生活保護基準引き下げ・法改正による国民生活への影響」『社会運動』**405**，30 ～ 33（2013）
- 金子光一：『社会福祉のあゆみ－社会福祉思想の軌跡』有斐閣（2007）
- 厚生労働省社会・援護局保護課：「生活保護制度の概要等について」第 23 回社会保障審議会生活保護基準部会資料 1（2016）
- 社会・援護局地域福祉課生活困窮者自立支援室：「新たな生活困窮者支援体系について」社会・援護局関係主管課長会議資料（2013）
- 山田壮志郎・村上英吾：「無料低額宿泊所および法的位置づけのない施設に関する厚生労働省調査」『貧困研究』**8**，108 ～ 122（2012）
- 厚生労働省：「生活困窮者自立支援法の施行状況」第 1 回社会保障審議会生活困窮者自立支援及び生活保護部会資料 3（2016）

第 4 章

子どものための福祉制度・施設

1．子ども家庭福祉の対象

　子ども家庭福祉の対象は，一般に「児童」や「子供」，「子ども」といわれる18歳未満の者とその家庭（保護者）である。法律や行政においては「児童」という呼称が使われてきている。しかし，日本が1994（平成6）年に国連の児童の権利に関する条約を批准して以降，「自立していない存在，自立途上，未成熟な存在」などを意味する「児」，「童」や「供」等の漢字を使用せずに「子ども」や「こども」と表記した文献や自治体の部署等が多くなってきている。

　児童期のとらえ方は，歴史的にも時代時代で異なり，社会や成人の立場から望ましいと考えられる自立の基準を，その時々の政治や慣習によって定めてきたといえる。

　民法において20歳未満としてきた未成年者を18歳未満に改正（2022（令和4）年施行）したが，その他にも18歳未満以外の定義を用いている法律もあり，統一されていない。しかし，子ども家庭福祉の対象としての子どもは，児童の権利に関する条約や児童福祉法で規定されている18歳未満の者を指し，そしてそれらを養育している保護者（家庭）を対象として含め，社会福祉制度や事業が設定され提供されている。

2．子ども家庭福祉の理念と目的

　子どもと家庭に対する援助は，子どもの発達特性を踏まえながら，子ども自身の成長・発達を保障するために行うものであり，子どものみならずその保護者，家庭を対象に行うものである。

　しかし，歴史的に日本では，子どもを育てることは個人的（私的）な営みとして社会的にとらえられており，家族や親族等のインフォーマルな助け合いを基本として営むものと考えられてきた。また，子ども観も明確に存在せず，子どもたちは時代ごとの要請に従って，当時の政府や政治の中で子どもの時代の区切りを設けられてきたに過ぎない。子どもをひとりの人格をもった個人として，社会的援助の対象として位置づけたのは20世紀に入ってからである。長らく歴史的に子どもは独立した人格をもたず，労働力，商品としてみなされていた。宗教家らによる孤児，棄児の救済が行われたが，国家として子どもや家庭に対する援助は行われていなかった。

　現在でも，その考えは国民の中に根強く残っている。しかし，経済の発展，情報化，少子化等の社会的動向に応じて，私たちの生活のあり方が長い年月のうちに変化し，

子どもを育てること，子どもが育つことは，社会的なサポートなしには難しいこととなった。

　このような変化を受けて，これからの子ども家庭福祉の潮流は，すべての子どもと家庭のウェルビーイングを目指して，子どもと保護者自身の自己実現を重視することを理念とする方向にある。特に1994（平成6）年に児童の権利に関する条約に批准して以降，子どもを主体的存在とみなし，子どもの権利に配慮したかかわりを基本としながら，子どもたちの自立に向けた営みを家庭（保護者）とともに支えていくことが子ども家庭福祉の理念になっている。中でも，虐待対策等の社会的養護の仕組みにおいては，子どもの権利への配慮が理念として重要になっている。この変化を受けて，2017（平成29）年4月より施行されている改正児童福祉法では，法成立以来一度も改正されなかった第1条〜第3条の条文が大幅に見直された。また，少子化により，従来の社会保障全体の枠組み自体を考え直し，次世代育成支援やワークライフ・バランスという考え方も取り入れるという二つの大きな流れが顕著にみられることが，近年の子ども家庭福祉領域の政策的傾向である。

3．子ども家庭福祉の法律

　日本の子どもと家庭に対する行政施策の実施においては，複数の法律が根拠となっている。単一目的の法律が複数同時に規定する法体系のため，また，時代の変化に伴って改正が繰り返されるため，その時々での最新法の確認が必要である。

　関連する法律は複数あるが，その中でも戦後の子ども家庭福祉行政の基本となっているのが，児童福祉法である。児童福祉法は，戦後の子どもと家庭に対する福祉施策の中心的な理念を総則で語るなど，全体的な方向性を示している。

3．1　児童福祉法

　児童福祉法は，1947（昭和22）年12月に公布され，翌年1月に施行された。この法律は戦後最初の「福祉法」であり，戦後の混乱期における浮浪児や貧困児童の保護のみならず，日本社会の将来を担う子どもの福祉と健全育成を目標として制定された。第1条，第2条には児童福祉の原理として理念と責任について明記され，続く第3条では子ども家庭福祉施策の遂行にあたっての原理の尊重が記載された。

　児童福祉法に規定されている児童の定義は，「満18歳に満たない者」であり，その詳細は，①乳児（満1歳に満たない者），②幼児（満1歳から小学校就学の始期に達するまでの者），③少年（小学校就学の始期から満18歳に達するまでの者）の三つに分かれる。その他，妊産婦（妊娠中または出産後1年以内の女子），保護者（親権を行う者，未成年後見人その他の者で，児童を現に監護する者）が法律の対象範囲となっている。

　児童福祉法には実施機関として，児童福祉に関する事項を調査・審議するための児童福祉審議会，児童福祉の実務を遂行するための児童福祉司，児童委員，児童相談所，福祉事務所，保健所の業務が規定されている。また，身体に障害のある児童を保護す

るための療育の指導，育成医療給付，補装具の交付等について，要保護児童のための児童福祉司等による指導，施設入所や里親への委託などの措置について規定されている。また，事業・施設についても，児童居宅生活支援事業の運営や児童福祉施設の目的，児童福祉施設長の義務等が定められている。

　児童福祉法は 1947（昭和 22）年に制定されて以来，システムにかかわるような大きな改正はなされずにきたが，1997（平成 9）年には保育システムの変更や児童福祉施設の名称変更等を含み，戦後の子ども家庭福祉行政の体制全般にわたっての改正が行われた。

第1条　全て児童は，児童の権利に関する条約の精神にのっとり，適切に養育されること，その生活を保障されること，愛され，保護されること，その心身の健やかな成長及び発達並びにその自立が図られることその他の福祉を等しく保障される権利を有する。

第2条　全て国民は，児童が良好な環境において生まれ，かつ，社会のあらゆる分野において，児童の年齢及び発達の程度に応じて，その意見が尊重され，その最善の利益が優先して考慮され，心身ともに健やかに育成されるよう努めなければならない。

　②　児童の保護者は，児童を心身ともに健やかに育成することについて第一義的責任を負う。

　③　国及び地方公共団体は，児童の保護者とともに，児童を心身ともに健やかに育成する責任を負う。

　2017（平成 29）年 4 月より，改正された児童福祉法が施行されているが，今回の改正では，児童の権利に関する条約の内容を色濃く反映し，子どもの最善の利益の確保や子どもの意見表明権等の子どもの権利擁護の徹底が，法律の理念の中に記述された。また，第 2 条第 2 項には，保護者が児童養育の第一義的責任を負うことが改めて記載された。第 3 条には第 3 条の 2 が新設され，家庭において適切な養育が望めない場合は，国や地方公共団体はできるだけ家庭と同様の環境において児童を代替養育するために必要な措置を講じなければならないことが書かれ，増大する児童虐待等要保護児童への対応を重視する内容になっており，時代の変化を受けた改正となっている。

3.2　その他の関連法

　児童福祉法を含め，以下の五つの法律は，子ども家庭福祉行政の中で児童福祉六法とよばれ，中心的な六つの法として存在している。また，その他にも関連する法が複数あるが，主なものを表 4-1 に示す。

① 児童扶養手当法：1961（昭和36）年11月制定
　父と生計を同じくしていない児童が育成される家庭の生活の安定と自立促進に寄与するため，扶養手当を支給することを規定。
② 特別児童扶養手当等の支給に関する法律：1964（昭和39）年7月制定
　精神または身体に障害を有する児童に対して支給する手当について規定。
③ 母子及び父子並びに寡婦福祉法：1964（昭和39）年7月制定　2014（平成26）年10月法律名称変更
　母子・父子家庭および母子家庭の母であった寡婦に対して，母子・父子自立支援員による相談や自立に必要な指導等，福祉資金の貸付を行うことを規定。父子福祉資金制度など創設。
④ 母子保健法：1965（昭和40）年8月制定
　母性および乳児，幼児の健康の増進を図るため，母子保健に関する原理を明らかにし，乳児，幼児に対する健康診査，保健指導，医療その他の措置により国民保健の向上に寄与することを目的とした法律。
⑤ 児童手当法：1971（昭和46）年5月制定　改正児童手当法：2012（平成24）年4月〜
　児童の養育者に児童手当を支給することにより，家庭における生活の安定に寄与するとともに，次代の社会を担う児童の健全な育成および資質の向上に資することを目的とするもの。2010（平成22）年度に民主党政権下で子ども手当に変更されたため，一時期廃止されたが，2012（平成24）年に再度自民党政権下で，改正児童手当法となった。

表4-1　子ども家庭福祉に関連するその他の法律

児童買春，児童ポルノに係る行為等の規制及び処罰並びに児童の保護等に関する法律（通称・児童ポルノ禁止法）	1999年5月制定。国外犯の処罰も含め性的被害の児童保護について規定。2004，2007年に一部改正。
児童虐待の防止等に関する法律（通称・児童虐待防止法）	2000年制定。虐待の定義と通告，国や地方公共団体の対応等を規定。2004，2007年に一部改正がなされ，立入調査の権限が強化されるなど，児童虐待防止に対する国民全体での取り組みが進められた。
配偶者からの暴力の防止及び被害者の保護等に関する法律（通称・DV防止法）	2001年制定。配偶者からの暴力防止，被害者の保護と自立支援を図る法律。
就学前の子どもに関する教育，保育等の総合的な提供の推進に関する法律（通称・認定こども園設置法）	2006年制定。就学前の子どもの保育，幼児教育を一体的に行うための「認定こども園」に伴う法律。
少子化社会対策基本法（通称・少子化対策基本法）	2003年7月制定。急速な少子化の進展に対応し，これからの少子社会における施策の基本理念を規定。
次世代育成支援対策推進法	2003年7月制定。次世代育成支援のため家庭や地方自治体，事業主の責務を明らかにし，「行動計画」策定を推進するための法律。10年間の時限立法でスタートしたが，2015年4月に10年の時限がさらに延長された。
育児休業，介護休業等育児又は家族介護を行う労働者の福祉に関する法律（通称・育児・介護休業法）	1995年制定。労働者の職業生活と家庭責任をもつ労働者の福祉向上を目指した法律。2008年に改正。
子ども・子育て支援法	2012年8月公布。2015年度本格施行・実施。就学前児童の保育・教育の一体的提供を目指し，待機児童解消やワークライフ・バランスに配慮した生活の実現など一連の少子化対策の強化を目指して制定された。

4. 子ども家庭福祉の施策体系

　子ども家庭福祉の施策は，厚生労働省子ども家庭局を中心として，主に六つの領域に分かれて行われている。施策の名称は時代とともに変化しているが，対象としている内容に大きな変化はない。

4.1　児童自立支援施策（養護などを必要とする子どもへの施策）

　家庭養育に恵まれない児童や，社会環境・親子関係・対人関係に起因して情緒障害や非行行動を起こす児童などに対して，社会的保護と自立のための支援を行うのが児童自立支援施策である。児童相談所による相談・指導，児童福祉施設への入所措置や里親委託，児童家庭支援センターや福祉事務所（家庭児童相談室），児童委員等による相談・指導などがこれに含まれる。これらの施策のための児童福祉施設には，乳児院，児童養護施設，児童自立支援施設，児童心理治療施設などがある。

4.2　障害児施策

　肢体不自由，視覚障害，聴覚障害等の身体障害または知的障害のある子どものための施策である。健全に育つ権利の保障は，障害のある子どもたちに対しても保障すべきものである。このことは，国連の児童の権利に関する条約でもうたわれており，児童福祉法においても同様である。障害のある子どもたちが障害のない子どもたちと同様の生活を享受できるように社会的ハンディキャップの除去を図ることを目的としてノーマライゼーションの理念のもと，施設入所による保護や通所事業による療育訓練等を行うものである。

4.3　ひとり親家庭施策（母子・父子家庭，寡婦福祉施策）

　ひとり親家庭の親は，生計の維持と児童の養育を同時に行わなければならず，支援を要している。彼らが子どもを育てながら自立した生活を送ることができるように総合的な自立支援策を行う。特に母子家庭では社会的および経済的に弱い立場に置かれている場合が多いことから，経済的な支援を含めて社会的な援助が必要とされている。2010（平成22）年8月より父子家庭に対しても児童扶養手当の支給がなされている。また，母子の自立を支援する児童福祉施設の母子生活支援施設では，母親の自立のみならず，児童の福祉を確保するための事業が実施されている。

4.4　母子保健施策

　母子保健法，児童福祉法に基づき，広く母性を対象とした母性保健施策と，乳幼児に対する保健施策を一貫した体系のもとで実施するものである。施策の実施は，主に市町村と都道府県に役割分担され，周辺保健領域や医療機関との連携が図られている。

4.5　児童健全育成施策（子どもが健やかに育つための施策）

すべての児童をより健全に育成するための施策である。地域における健全育成の拠点である児童厚生施設の設置普及，地域を基盤とした児童と母親たちの地域組織活動，放課後児童健全育成事業，児童クラブの設置・育成，優良な児童福祉文化財の推薦等がある。

4.6　保育施策

保護者の就労や病気などの事情により保育を必要とする子どもに対し，認可保育所における保育の実施を図る施策である。少子化対策における中心的施策として，エンゼルプラン以降，段階的に保育サービスの充実や保育システムの見直しがされてきた。2015（平成27）年4月以降は，子ども・子育て支援新制度に基づき，内閣府とともに認定こども園を含む新しい体制の中で保育施設の整備を待っている。認定こども園の監督は，内閣府において一体的に行われることになるが，現在も全国に4万人ほどいる待機児童の解消等の必要からも，引き続き認可保育所の役割は大きい。

5．子ども家庭福祉行政の仕組み

日本の子ども家庭福祉行政は，厚生労働省を中心所管とする国，都道府県を通じて行われている。図4-1にその概観を示した。具体的な業務の実行は，児童相談所を中心として，市町村福祉事務所や保健所等が役割を分担し，遂行している。児童相談所は，広域的な事項に対する調査・判定，措置等を行うため，日常的な相談や対応は，市町村における関連施設や児童・民生委員などが中心となる体制が組まれている。

5.1　国および地方公共団体

児童福祉法第2条第3項，および第3条の2の規定どおり，国と地方公共団体は，保護者とともに児童の心身ともの育成責任を有している。何らかの理由により保護者による養育が無理な場合や，保護者が援助を求めた場合，国や地方公共団体は，保護者がその責任を果たせるように援助を行う，または保護者に代わり児童の育成を行うこととされる。

都道府県は，市町村を包括する広域の地方公共団体として，広域にわたるもの，統一的な処理をするもの，市町村に関する連絡調整に関するものを担当する。市町村は，基礎的な地方公共団体として地域住民に密着した行政事務を行う。

5.2　審議機関

都道府県・指定都市には，児童福祉審議会その他の合議制の機関を設置することが義務づけられている。児童福祉審議会は，それぞれの地方公共団体長の管理に属する。児童福祉審議会では，児童や妊産婦の福祉，母子福祉，母子保健に関する事がらを調査・審議する。その結果を答申として出し，意見具申を行うものである。児童福祉審

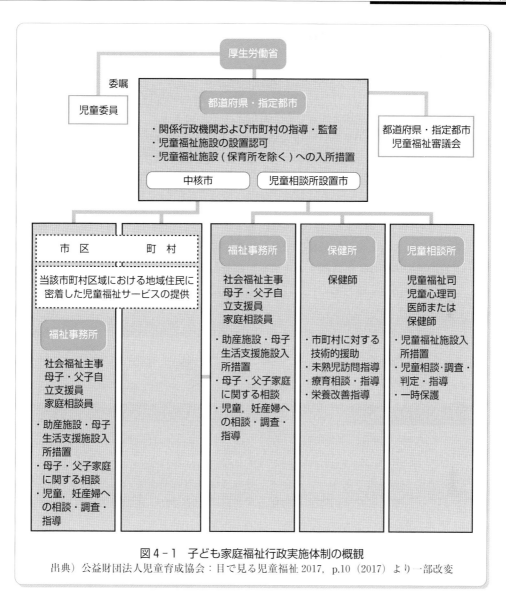

図4-1 子ども家庭福祉行政実施体制の概観

出典）公益財団法人児童育成協会：目で見る児童福祉 2017，p.10（2017）より一部改変

議会は，当該自治体に暮らす子どもや家庭にとっての環境の向上，福祉の充実を目指して，一般住民や専門家からの意見を取り入れ，行政に反映させるという機能を有している。

5.3 児童相談所

　児童相談所は児童福祉法に基づく行政機関であり，各都道府県・指定都市に設置が義務づけられている。また中核市でも任意で児童相談所を設置することができるようになった。その他，2005（平成17）年より，児童相談所設置市の制度が設けられ，政

令で定められた市では，児童福祉施設への入所措置や一部の都道府県の行政事務を行えるようになった。また，2017（平成29）年より特別区においても，政令の指定を受けて，児童相談所を設置できるようになった。

　児童相談所は，子どもにかかわる問題につき，家庭その他からの相談に応じ，子どもの福祉と権利擁護を図ることを目的とする，児童家庭相談を担う中心的な機関である。児童相談所の業務は，児童福祉法に規定されており，相談，判定，指導，措置，一時保護の五つである。

　児童相談所で受け付ける相談は，子どものしつけや養護問題，虐待や非行に関するもののほか，知的障害や肢体不自由等の障害の判定，子どもの発達相談等がある。

　児童相談所は，受け付けた相談・通告に対し，判定を行うための調査を実施し，その結果によって児童福祉施設や里親への措置や，家庭裁判所への送致を行う。また在宅指導の場合は，引き続きの指導や治療を行う。一時保護は，被虐待児童の緊急保護や援助を決定するための行動観察が必要な場合に行われるもので，児童相談所内の一時保護所において児童の保護を行う。

　児童相談所には，児童相談所長のほか，児童福祉司，相談員，児童心理司，医師，児童指導員，保育士などがいる。児童福祉司はソーシャルワークを行う専門職として援助の中心を担っている。

6．児童福祉施設の現状

　児童福祉施設は，国が設置しなければならないものと，都道府県が設置しなければならないものに分けられる。国が設置しなければならないのは，児童自立支援施設と障害児入所施設である。児童自立支援施設は都道府県が設置しなければならないものとしても規定されている。その他の施設は，都道府県・指定都市・中核市それぞれの地方公共団体による条例により，設置が決められている。

　児童福祉施設には入所型，通所型と，双方の機能をもつものがある。現在，児童福祉法第7条には，助産施設，乳児院，母子生活支援施設，保育所，幼保連携型認定こども園，児童厚生施設，児童養護施設，障害児入所施設，児童発達支援センター，児童心理治療施設，児童自立支援施設，児童家庭支援センターの12種が定められている。その他，法令や規定によって細分化され，全部で15種類が児童福祉施設となっている（表4-2）。

　児童福祉施設の運営は，入所および通所児童の健やかな成長を保障し，権利を保障するために，必要とされる援助が適切に行われ，指導できるものでなければならない。そのため，児童福祉施設には，児童福祉施設の設備及び運営に関する基準が設けられており，これに従って運営されることが求められている。

表4-2 児童福祉施設の機能一覧

施策の分野	施設区分	機　能
母子保健	助産施設	保健上必要があるにもかかわらず，経済的理由により，入院助産を受けることができない妊産婦を入所させて，助産を受けさせる施設。
保　育	保育所	保育を必要とする乳児・幼児を日々保護者の下から通わせて保育を行う施設。
	幼保連携型認定こども園	幼稚園と保育所の機能を併せもち，教育と保育を一体的に行う施設。
子どもが健やかに育つために	児童館	屋内に集会室，遊戯室，図書室等必要な設備を設け，児童に健全な遊びを与えて，その健康を増進し，又は情操をゆたかにすることを目的とする施設。
	児童遊園	屋外に広場，ブランコ等必要な設備を設け，児童に健全な遊びを与えて，その健康を増進し，又は情操をゆたかにすることを目的とする施設。
養護を必要とする子どもたちへ	乳児院	乳児を入院させて，これを養育し，あわせて退院した者について相談その他の援助を行う施設。
	児童養護施設	乳児を除いて，保護者のない児童，虐待されている児童その他環境上養護を要する児童を入所させて，これを養護し，あわせて退所した者に対する相談その他の自立のための援助を行う施設。
	児童心理治療施設	環境上の理由により社会生活への適応が困難となった児童を，短期間入所させ，又は保護者の下から通わせて，心理に関する治療及び生活指導を主として行い，あわせて退所した者について相談その他の援助を行う施設。
	児童自立支援施設	不良行為をなし，又はなすおそれのある児童及び家庭環境その他の環境上の理由により生活指導等を要する児童を入所させ，又は保護者の下から通わせて，個々の児童の状況に応じて必要な指導を行い，その自立を支援し，あわせて退所した者について相談その他の援助を行う施設。
	児童家庭支援センター	地域の児童の福祉に関する各般の問題につき，児童，母子家庭その他の家庭，地域住民その他からの相談に応じ，必要な助言，指導を行い，あわせて児童相談所，児童福祉施設等との連絡調整，援助を総合的に行う施設。
ひとり親家庭へ	母子生活支援施設	配偶者のない女子等を入所させて保護するとともに，自立の促進のため生活を支援し，あわせて退所した者について相談その他の援助を行う施設。
障害児へ	福祉型障害児入所施設	障害のある児童を入所させて，保護，日常生活の指導及び独立自活に必要な知識技能の付与を行う施設。
	医療型障害児入所施設	障害のある児童を入所させて，保護，日常生活の指導，独立自活に必要な知識技能の付与及び治療を行う施設。
	福祉型児童発達支援センター	障害のある児童を日々保護者の下から通わせて，日常生活における基本的動作の指導，独立自活に必要な知識技能の付与又は集団生活への適応のための訓練を行う施設。
	医療型児童発達支援センター	障害のある児童を日々保護者の下から通わせて，日常生活における基本的動作の指導，独立自活に必要な知識技能の付与又は集団生活への適応のための訓練及び治療を行う施設。

出典）公益財団法人児童育成協会：目で見る児童福祉 2017，p.12（2017）一部改正

7. 今後の課題と展望

7.1　少子社会の中での子育て支援としての対応

　これからの子ども家庭福祉の中で重要な位置を占めていくのは，子どもと家庭への支援に関する領域である。この領域は，子育て支援サービス，保育サービスなど少子化対策が拡充される中で誕生し，大きな柱になっている。1990年代後半以降，1.57ショックとともに開始された国をあげての本格的な少子化対策の中で，大きな位置を占めてきた。その歩みが表4-3である。1990年代後半は，子育てをしながら安心して働くことのできる保育サービスおよび雇用環境の整備を目指すことが主眼とされ，2000年代は仕事と子育ての両立負担感の除去，緩和のための環境整備へと移行した。子育て支援は働く女性ばかりでなく，専業主婦や男性も含めた国民生活の見直しが必要との考えのもと，現在では男性の働き方を含めたワークライフ・バランスの達成のための環境整備，次世代の大人を育成するという視点での支援が強調されている。

　特に，これら一連の少子化対策の中心的事業として大きな位置を占めてきた保育所を中心とする保育施策は新しい局面を迎えようとしている。膨大な待機児童の解消が

コラム　子ども・子育て支援新制度

　「子ども・子育て支援新制度」は，2015（平成27）年度より本格実施された。現在，「子ども・子育て会議」が都道府県・市町村において組織され，子ども・子育て支援計画に基づいて子ども家庭福祉が実践されている。また，保育ニーズを算出するための実態調査が実施され，ニーズ量の把握・算出がなされている。

　この制度では，幼稚園・保育所に加えて認定こども園の普及が進められるため，既存の幼稚園・保育所では認定こども園への移行を行うところもみられている。認定こども園には，「幼保連携型」「保育所型」「幼稚園型」「地方裁量型」の4類型があるが，国は「幼保連携型」を推進している。また，新制度では，施設などの利用を希望する保護者が，利用のための認定を受ける仕組みになっている。

〈3つの認定区分〉

1号認定	教育標準時間認定	満3歳以上で，教育を希望する場合	幼稚園 認定こども園
2号認定	満3歳以上・保育認定	満3歳以上で，「保育の必要な事由」に該当し，保育所等での保育を希望する場合	保育所 認定こども園
3号認定	満3歳未満・保育認定	満3歳未満で，「保育の必要な事由」に該当し，保育所等での保育を希望する場合	保育所 認定こども園 地域型保育

　地域型保育とは，0〜2歳の低年齢児を対象とした少人数（20人未満）の規模で預かる市町村の認可事業である。「家庭的保育（保育ママ）」「小規模保育」「事業所内保育」「居宅訪問型保育」の4種類である。

表 4-3　少子化対策の経過（2000 年以降）

2001（平成 13）年	「待機児童ゼロ作戦」（仕事と子育ての両立支援の方針について）策定
2002（平成 14）年	「少子化対策プラスワン」発表
2003（平成 15）年	「少子化社会対策基本法」成立 「次世代育成支援対策推進法」　次世代育成支援行動計画の策定（7 大臣連名告示）
2004（平成 16）年	「少子化社会対策大綱」（閣議決定）策定 「子ども・子育て応援プラン（新々エンゼルプラン）」の策定
2005（平成 17）年	「少子化社会対策推進会議」設置
2006（平成 18）年	「新しい少子化対策について」策定 「就学前の子どもに関する教育，保育等の総合的な提供の推進に関する法律」成立 「子どもと家族を応援する日本」重点戦略会議の立ち上げ
2008（平成 20）年	「新待機児童ゼロ作戦」策定
2010（平成 22）年	「子ども・子育てビジョン」（閣議決定）策定
2012（平成 24）年	「子ども・子育て新システムに関する基本制度」策定 「子ども・子育て支援法」「就学前の子どもに関する教育，保育等の総合的な提供の推進に関する法律の一部を改正する法律」「関連法律の整備に関する法律」成立・公布
2015（平成 27）年	「子ども・子育て支援制度」の実施 「子ども・子育て支援事業計画」（市町村），「子ども・子育て支援事業支援計画」（都道府県）を，5 年を 1 期として策定。2020（令和 2）年より，第 2 期がスタート

喫緊の課題となって久しく，抜本的な制度改革が必要とされてきたことから，2015（平成 27）年度より，「子ども・子育て支援新制度」に移行した。これは，幼児期の学校教育・保育，地域の子ども・子育て支援を総合的に推進するため，認定こども園，幼稚園，保育所を共通の給付（施設型給付）として一体化するとともに，従来，公費の対象となっていなかった小規模保育や家庭的保育を地域型保育給付として位置づけた。また，教育を担う幼稚園機能と就労家庭を支援する保育所機能を併せもつ幼保連携型認定こども園を中心とした幼保一体化を目指していく方向性が示されているが，女性の活躍を促進する動きの中では，保育所入所希望者の増大が大きく，待機児童の解消のほうを急がざるをえない状況がみられている。

7.2　子どもの権利と虐待防止

　子ども家庭福祉の領域の中でもうひとつ中心的な取り組みとして取り上げられるのが，子どもの権利擁護と虐待防止，社会的養護に関する領域である。2000（平成 12）年にいわゆる児童虐待防止法が成立し，過去に 2 回の改正を経ながら，児童虐待の早期発見，対応の仕組みが徐々に構築されてきた。1990（平成 2）年に虐待相談件数と

して統計を取り始めてからすでに30年以上のときが経ち，児童相談所を中心とする児童虐待対応は重層的・横断的になりつつある。しかし，児童虐待相談件数は増加の一途をたどっており（図4-2），今後もさらなる取り組みを強化する必要がある。

　児童虐待への取り組みを強化していくことは，すなわち子どもへの権利侵害を防止し，すべての子どもの健やかな成長を保障することにつながることから，子ども家庭福祉全体での取り組みが求められている。虐待者は，相変わらず実母が約6割を占めており，母子保健や子育て支援施策と一体化した地域レベルでの取り組みが重要である。また，2012（平成24）年には，課題となっていた民法の親権停止が実現，2021（令和3）年4月から施行の改正児童虐待防止法では，親権者の体罰を禁止する内容が加わった。親の所有物としての子どもから，子ども自身が主体となった自立支援に向けた展開が期待されている。そのためにも，養護を必要とする子どもたちへの施策（社会的養護）において，地域での支援体制の構築が必要であり，その中で小規模なケアを実現させていくことも，大きな課題となっている。

　児童虐待による死亡事例の検証等において，特に0歳児のケースが多いことが報告され，望まない妊娠・出産や若年出産，福祉ニーズを抱えた支援を要する場合等が多いことが明らかになった。このことから，「切れ目のない支援」を目指して母子保健との積極的な連携体制を市町村レベルから構築していくことの必要性が認識されている。2017（平成29）年の児童福祉法改正では，児童虐待の発生予防のための対応として，子育て世代包括支援センターの法定化，支援を要する妊婦等に関する情報提供の努力義務等が盛り込まれ，母子保健領域との連携が図られている。

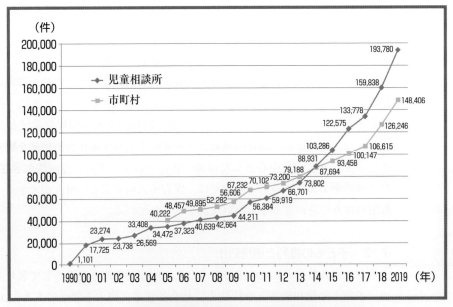

図4-2　児童虐待相談件数の推移（児童相談所・市町村）
出典）厚生労働省：平成27年度福祉行政報告例

第 5 章

高齢者のための福祉制度・施設

1. 高齢者福祉の理念−高齢者を敬い，助けるということ

　　本章では，高齢者を対象とした福祉制度および施設について学んでいく。その制度や施設の種別や範囲は広いので，基本的なものをおさえておきたい。

　　高齢者とはその字のごとく，年齢の高い者という意味である。法律上高齢者の定義は特に定められてない。ただし，WHO（世界保健機関）等の国際機関や日本の行政においても，高齢者を「65歳以上」と規定し，さまざまな統計や政策の中で取り扱ってきた。各制度においては，その対象とする条件を年齢で区分している。例えば，介護保険法の第1号被保険者や高齢者虐待防止法（p.67参照）等ではその主な対象を65歳以上，後期高齢者医療制度では後期高齢者を75歳以上とし，前期高齢者を65〜74歳としている。本章においては，特に注記のない限り，高齢者は65歳以上の人びとを指し示すことにする。

　　もともとは「老人」という用語を，高齢者とほぼ同義として用いてきた。1990年代以降は，行政用語においても，「老人」より「高齢者」という用語を用いることが多くなってきている。

　　「老人」の「老」という漢字には，「年老いる」という意味のほか，「物事に通じている年長者」や「長い経験を積んでいる」という意味も含まれている。例えば「長老」「老練」というような単語の意味に表れている。古い時代から，共同生活を営む集落や家族集団の中において，その社会やしきたりなどの経験や知識に長けている「老人」は，若い世代から敬われ，大切に扱われてきた。しかし，現代の日本の社会では，核家族や夫婦世帯・ひとり暮らし（単独世帯）が増え，祖父母・親・子が生活をともにする三世代同居の家族が減少している。あわせて，老人＝高齢者のひとり暮らしや夫婦世帯の割合も増えている。

　　日本は，世界でもいまだかつて経験したことのない少子高齢社会に直面している。今後ますます高齢者の生活を，社会の制度として総合的にサポートしなければならない時代に入っている。それでは，社会福祉の領域における高齢者を支える制度および施設について学んでいこう。

２．高齢者福祉の歴史・流れ

２.１　社会全体の高齢化

　すでに触れたように現代の日本は，少子高齢社会であり，超高齢社会に直面している。日本社会の人口高齢化率（全人口のうち65歳以上の人が占める割合）を，世界の他国と比較すると，進行速度が非常に速いのがわかる（図5-1）。

　現在の日本は，2020（令和2）年には高齢化率が28.7%で，人口の4人に1人が高齢者となっている。いわゆる団塊の世代（1947〜1949年に生まれた人）が65歳以上となった2015（平成27）年には，高齢者人口が3,387万人に達した。団塊の世代が75歳以上の後期高齢者となる2025年には，3,677万人（高齢化率30.0%）に達すると推計されている（国立社会保障・人口問題研究所「日本の将来推計人口（平成29年推計）」）。

　その後も高齢者人口は増加を続け，2035年には高齢化率32.8%で，人口の3人に1人が高齢者となる。2042年に3,935万人でピークを迎え，その後は減少に転じるが，人口高齢化率は上昇を続ける。2055年以降は高齢化率が38%台となる社会が到来すると推計されている。高齢者の中でも後期高齢者（75歳以上）の人口増加が著しい。後期高齢者は，寝たきりや認知症の発現率が高く，高齢者介護の対応が今以上に求められるようになる。

２.２　高齢者を取り巻く家族の縮小

　「国民生活基礎調査」の結果（2019年調査）をみると，日本の高齢者を取り巻く状況がみえてくる。

（１）世帯数および世帯人員（2019年調査から）

　まず，全体の世帯*数は約5,179万であった。全人口が約1億2,617万人であるので，一世帯の平均人数は約2.39人ということになる。このうち，核家族といわれる「夫婦と未婚の子の世帯」が約28%，ひとり暮らしの「単独世帯」が約29%，「夫婦のみ

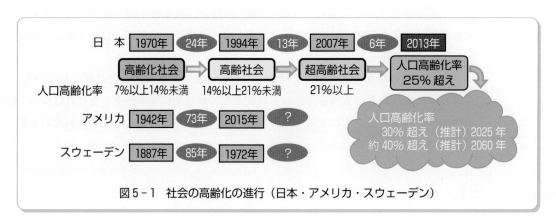

図5-1　社会の高齢化の進行（日本・アメリカ・スウェーデン）

の世帯」が約24％を占めている。一方で「三世代世帯」は約5％にとどまっている。

　　＊　世帯　　同一の住居に住んで，同一の生計（家計）で生活をする単位のこと。

（2）65歳以上の者のいる世帯 （2019年調査から）

　高齢者に注目すると，65歳以上の者のいる世帯は，全世帯の約半数となっている（49.4％で，約2,558万世帯）。このうち，夫婦のみの世帯が約32％，単独世帯が約29％，親と未婚の子のみの世帯が約20％を占めている。つまり，65歳以上のいる世帯の6割以上はひとり暮らしか夫婦2人暮らしの世帯ということになる。

　このうちの65歳以上の高齢者の単独世帯は，736.9万世帯である。つまり約737万人の高齢者がひとり暮らしである。内訳は，女性が65％，男性は35％である。

（3）要介護者等のいる世帯とその状況 （2019年調査から）

　「要介護者等」（介護保険法の要支援または要介護と認定された者のうち在宅の者）のいる世帯は，核家族世帯が約40％，単独世帯が約28％，三世代世帯が約13％であった。年次推移をみると，単独世帯の割合が上昇し，三世代世帯の割合が低下している。つまり，ひとり暮らしが増えて，同居家族が減っているということである。

　要介護者等の年齢区分は，最も多いのが85〜89歳で約25.1％，次に90歳以上が約24.2％である。介護が必要となった主な原因としては，要支援者（介護保険の要介護区分の要支援1・2）で，最も多いのは関節疾患約19％，次に高齢による衰弱約16％であった。要介護者（要介護区分の要介護1〜5）で，最も多いのは認知症で約24％，次が脳血管疾患（脳卒中）で約19％であった。

2.3　高齢者保健福祉制度の流れ （表5-1）

　近代から現代にかけての高齢者保健福祉制度の流れについてなぞっておこう。

（1）恤救規則・救護法の時代から戦後復興の時代へ

　1867年に江戸幕府から明治政府に政権が交代した。1874（明治7）年，恤救規則が公布された。地域社会や親族集団の相互扶助による救済＊を前提としていた。救済の範囲や内容が古代とほとんど変わらず，日本における明治期の産業革命による近代化に伴う貧困問題に対処できなかった。

　　＊　恤救規則の救済　　ひとり身・70歳以上・重病や老衰で仕事ができない人，に限り
　　　1年に米を1石8斗（＝1,800合，1日あたり約4.9合分）を給与すると規定されていた。

　恤救規則が近代化に立ち後れていたにもかかわらず，大正時代（1912〜1926）を過ぎ，昭和時代（1926〜）に入り，1929（昭和4）年に救護法が制定された。財源難のため3年後の1932（昭和7）年に実施されたが，同法の対象は65歳以上の老衰者を含めた労働能力のない者であった。また，救護法の施設（救護施設）として，養老院が含められた。

表5-1　高齢者保健福祉制度と関連制度の発展過程（主な動き）

時　代	年	法律・計画	内容・ポイント
近代・戦前	1874（明治7）	恤救規則	「人民相互ノ情宜」，制限扶助主義。
	1929（昭和4）	救護法	救護施設の一つに養老院（ほかに孤児院，病院）。
戦後復興期	1950（昭和25）	（新)生活保護法	保護施設（扶助）の一つに養老施設。
	1958（昭和33）	（新)国民健康保険法	すべての市町村が実施主体に（1961年までに実施)，対象は被用者保険に加入しない一般国民。
	1959（昭和34）	国民年金法	福祉年金，各種老齢年金支給。
オイルショック・低成長期　高度経済成長から低成長期	1961（昭和36）	国民皆保険・皆年金制度開始	拠出制国民年金の保険料徴収開始。全国の市町村で新国民健康保険事業が開始。
	1963（昭和38）	老人福祉法	老人福祉の独自領域確立，養老施設（生保法）廃止。
	1973（昭和48）	老人医療費支給制度	「福祉元年」，老人医療費無料へ。 　→同年，オイルショック。その後不況に。
	1982（昭和57）	老人保健法	原則70歳以上の医療は老人保健制度で担う。定額自己負担必要。① 疾病予防からリハビリテーションに至る一貫した保健医療対策，② 各医療保険機関の老人医療費の不均衡是正。
	1986（昭和61）	※老人保健法改正	老人保健施設（中間施設）を創設，寝たきり高齢者，社会的入院を減らす。
ゴールドプラン推進・在宅サービス中心へ	1989（平成元）	「ゴールドプラン（高齢者保健福祉推進10か年戦略)」	在宅福祉サービスの重視。全国的な規模で介護基盤の整備を進める国の方針が数値的に明確にされた。
	1990（平成2）	老人福祉法・老人保健法等　福祉八法改正	① 施設サービス（保護収容）から在宅サービス（自立支援）中心へ，② 入所決定事務の町村への権限移譲，③ 老人保健福祉計画の策定義務化。
	1994（平成6）	「21世紀福祉ビジョン」	少子・高齢社会に向けた福祉重視型の社会保障の再構築。
介護保険準備期	1994（平成6）	「新ゴールドプラン」	1989年「ゴールドプラン」の後半5年間の目標数値の見直し。① 利用者本位・自立支援，② 普遍主義，③ 総合的サービス提供，④ 地域主義。
	1995（平成7）	高齢社会対策基本法	高齢社会対策を総合的に構築していく方向が明確に。① 就業・所得，② 健康・福祉，③ 学習・社会参加，④ 生活環境，⑤ 調査研究等の推進の各領域。
		「新たな高齢者介護システムの確立について」	公的介護保険制度への道筋がつくられはじめる。① 社会保険制度による介護，② サービスを自分で選択する，③ 自立支援，④ 経済・財政とのバランスなどを議論。
住宅政策・権利擁護　介護保険成立・	1997（平成9）	介護保険法成立	施行まで2年間の準備期間が設けられた。
	1999（平成11）	「ゴールドプラン21」	2004年度までの目標。
	2000（平成12）	※社会福祉法改正	社会福祉基礎構造改革。
		介護保険法施行	サービス利用は措置制度から契約制度へ。
		※民法改正	（新)成年後見制度開始（成年後見，保佐，補助）。
	2001（平成13）	高齢者居住安定確保法（高齢者住まい法）	高円賃・高専賃・高優賃制度（→混乱が生じた）。

	2005（平成17）	高齢者虐待防止法	養護者による虐待と養介護施設従事者による虐待が対象。
		※介護保険法改正	予防重視型システムへの転換，地域包括支援センターおよび地域密着型サービスの創設（2006年4月スタート）。
	2008（平成20）	高齢者医療確保法（老人保健法名称改正）	後期高齢者医療制度開始（75歳以上の医療）。
		「安心と希望の介護ビジョン」	① 発想の転換（マイナスからプラスへ），② 介護の質向上，③ 介護従事者の誇りとやりがい確保。
	2011（平成23）	※高齢者居住安定確保法（高齢者住まい法）改正	「サービス付き高齢者向け住宅」制度の開始。高円賃・高専賃・高優賃の廃止。
		※介護保険法改正	地域包括ケアシステムの推進，介護職員による痰の吸引，市町村の高齢者の権利擁護の推進（2012年4月スタート）。
介護保険成立・住宅政策・権利擁護	2012（平成24）	高年齢者雇用安定法	継続雇用制度の対象者を限定できる仕組みの廃止など，定年60歳以上。
	2013（平成25）	「オレンジプラン（認知症施策推進5か年計画）」	2013～2017年の5年間。① 標準的な認知症ケアパスの作成・普及，② 早期診断・早期対応，③ 地域での生活を支える医療サービスの構築，④ 介護サービス，⑤ 日常生活・家族支援の強化，⑥ 若年性認知症対策の強化，⑦ 医療・介護の人材育成等。
	2014（平成26）	医療・介護総合確保推進法（地域における医療及び介護の総合的な確保を推進するための関係法律の整備等に関する法律）	地域における効率的で質の高い医療・介護提供体制の構築，地域包括ケアシステムの構築などを中心として，2025年問題に対応するための制度の整備についての内容。医療と介護の整合的な計画策定と新たな財政支援制度，効率的かつ質の高い医療体制の構築，チーム医療の推進，地域包括ケアシステムの構築（地域支援事業の充実，予防給付を市町村の地域支援事業に移行，特養新規入所者を要介護3以上に），持続可能な介護保険制度の構築（費用負担の公平化），医療・介護従事者の確保，などが盛り込まれた。
	2017（平成29）	地域包括ケア強化法（地域包括ケアシステムの強化のための介護保険法等の一部を改正する法律）	地域包括ケアの深化と推進，介護保険の持続可能性確保が視野に入れられている。自立支援・重度化防止に向けた保険者機能強化等の取り組み推進，介護保険の居宅サービス等の認可を市町村へ，医療・介護の連携の推進（介護医療院の創設など＝介護保険施設サービスへの追加），地域共生社会の実現に向けた取り組みの推進（共生型居宅サービス創設，「我が事・丸ごと」地域福祉推進理念の規定など），一定以上の所得の第1号被保険者の利用者負担の割合を3割にアップ，などが盛り込まれた。
	2018（平成30）	※介護保険法等改正	「介護医療院」創設，共生型サービス事業創設，利用者負担3割負担導入，などが行われた。
	2021（令和2）	※介護保険法等改正	地域住民の複雑化・複合化した支援ニーズ対応，医療・介護のデータ基盤整備推進などが盛り込まれた。

※は，法改正を示す。

　第二次世界大戦敗戦後，1946（昭和21）年に日本国憲法が制定され，第25条には生存権（社会権）が確立された。その後1950（昭和25）年に制定された生活保護法（現行法）の保護施設の一つに，養老施設が位置づけられた。

（2）国民皆保険・皆年金制度開始，老人福祉法制定

　戦後復興の時代を経て，高度経済成長期に入ると，1958（昭和33）年の国民健康保険法改正，1959（昭和34）年の国民年金法制定により，1961（昭和36）年に国民皆保険・皆年金制度が確立した。国民皆保険制度は，医療の提供体制を後押しすることになった。

　1963（昭和38）年には，老人福祉法が制定された。それまでの生活保護法における養老施設は，養護老人ホームに引き継がれ，新たに特別養護老人ホームと軽費老人ホームが規定された。また，対象は生活保護世帯（低所得者世帯）に限られていたものの，ホームヘルプサービスの前身ともいえる老人家庭奉仕員派遣制度が位置づけられた。

　その後，1970（昭和45）年には，人口高齢化率が7％を突破し，高齢化社会に突入した。1973（昭和48）年には，老人医療費支給制度により高齢者の医療負担を無料にする制度がはじまり，「福祉元年」とよばれた。しかし，オイルショックによる不況もはじまった時期であった。

　1982（昭和57）年には老人保健法が制定され，原則70歳以上の医療は，老人保健制度によって運営され，医療費の自己負担も導入されることとなった。

（3）ゴールドプラン

　1980年代も半ばになると，国全体が人口高齢化に向けて医療や介護，社会福祉の対策を計画することになる。1989（平成元）年，高齢者保健福祉推進10か年戦略（通称・ゴールドプラン）が策定された。財源は消費税（1989年開始，税率3％）があてられ，全国の介護基盤整備の数値目標を掲げた。

　翌1990（平成2）年は，老人福祉法および老人保健法を含めた社会福祉関連の大規模改正（福祉八法改正）が行われ，ゴールドプランを実施するための体制づくりがすすめられることとなった。この改正では，施設サービスから在宅サービスへ，高齢者保健福祉の中核を市町村が担うこととなった。あわせて，市町村老人保健福祉計画の策定が義務づけられ，市町村単位での高齢者サービス基盤整備の計画がスタートした。

　1994（平成6）年には，厚生大臣の懇談会から「21世紀福祉ビジョン－少子・高齢社会に向けて」が提出された。また，ゴールドプランの後半5年を見直した「新ゴールドプラン」が策定され，介護基盤の整備目標が引き上げられた。同年末の12月には，報告書「新たな高齢者介護システムの構築を目指して」が提出され，公的介護保険制度の構想が提示され，翌年から正式に審議会で検討されはじめた。

（4）介護保険法制定

1996（平成8）年に国会に法案が提出され，翌1997（平成9）年12月に介護保険法が制定された。2年間の準備期間を経て2000（平成12）年4月に施行された。

1999（平成11）年には，介護保険制度の施行に向けた「ゴールドプラン21」が発表された。介護保険法施行までの老人福祉制度では，介護サービス（特別養護老人ホーム入所，デイサービスやホームヘルプサービス等の在宅サービス等）は市町村の措置により利用していた。介護保険制度が開始されると，利用者自身が事業所や施設を選択しサービス利用契約を行うこととなった。費用負担も，それまでの経済的状況による応能負担から，所得を問わずサービスの利用の度合いによる応益負担（定率負担）に変わった。

介護保険法施行と同じタイミング（2000年4月）で，社会福祉法改正を中心とした社会福祉基礎構造改革，民法改正による新成年後見制度導入が行われた。

その後，2005（平成17）年には高齢者虐待防止法（p.67参照）が制定された。同法は，家族（養護者）と施設従事者の虐待防止を図るものである。また施設での介護における身体拘束も虐待にあたるとされた。2008（平成20）年には高齢者の医療の確保に関する法律（通称・高齢者医療確保法）が制定され，75歳以上をその対象とした後期高齢者医療制度が開始されることとなった。2012（平成24）年には高年齢者等の雇用の安定等に関する法律（通称・高年齢者雇用安定法）が制定され，継続雇用制度の範囲の拡大を図った。2013（平成25）年には，「認知症施策推進5か年計画」（オレンジプラン）が策定され，地域における認知症ケア・対策を計画的に図ることとなった。

2.4　安心と希望の介護ビジョン

2007（平成19）年に日本の人口高齢化率が21％を超え，翌年には厚生労働省に設置された有識者の会議において，「安心と希望の介護ビジョン」が策定された（2008年11月）。政府へ計画的な施策への取り組みを要請している。

この「安心と希望の介護ビジョン」では，超高齢社会における「安心」と「希望」の実現に向けて，三つの実現すべきことを掲げている。第一は，「高齢者の増加を，すぐにマイナスととらえる基本的な発想を改めること」である。第二は，「たとえ介護が必要になっても住み慣れた自宅や地域で住み続けるために高齢者の生活を支える介護の質を一層高めていく必要があること」である。そして第三は，「介護従事者が働きやすく，介護の仕事に誇りとやりがいをもって生き生きと取り組み続けていくことができるための環境整備に取り組む必要があること」である。

3．高齢者福祉と介護の制度

3.1　高齢者を取り巻く制度の概観

現代の日本において，高齢者の生活を支える福祉制度および介護支援の制度の中核を構成しているのは，介護保険制度である。介護保険法は1997（平成9）年制定，2000（平成12）年に施行された。2000（平成12）年を境に，それまでの老人福祉制度

を中心としたものから，介護保険制度を中心としたものに大きく変わった。

　2012（平成24）年から地域包括ケアシステムが提唱されている。地域包括ケアシステムとは，高齢者の尊厳の保持と自立生活支援の目的のもと，可能な限り住み慣れた地域で生活を継続することができるような包括的な支援・サービス提供体制の構築を目指すものである。地域包括ケアは五つの要素で構成される。専門的なサービスとしての ① 介護，② 医療，③ 予防，その前提としての ④ 住まい，⑤ 生活支援・福祉サービスである。これらが相互に関係・連携しながら高齢者の在宅生活を支える。その中核をなす機関が地域包括支援センターである。

3.2　権利擁護と認知症対策

　介護保険制度では，サービス利用について利用者と提供者の契約制度が導入された。要介護高齢者は，認知症などの疾病により判断能力が十分でないことがあり，そのために権利擁護の制度が担保されている。また，在宅，施設にかかわらず，さまざまな生活場面において高齢者虐待という権利侵害も起こっており，虐待防止法が整備された。また，近年増加している認知症への対策も進んでいる。

（1）成年後見制度

　成年後見制度とは，認知症などにより判断能力の不十分な者が財産管理，契約（介護サービスや施設入所等），遺産分割協議等を行う際に，不利益な契約をされないように，それらの者を保護し支援する制度であり，民法に規定されている。2000（平成12）年に民法改正があり，制度も大きく変わった。成年後見制度は，二つに分類される。

1）法定後見制度

　本人の事情と判断能力に応じて「後見」「保佐」「補助」の類型がある。家庭裁判所により成年後見人，保佐人，補助人が選任される（選ばれる）。本人の親族以外に，社会福祉士や弁護士，司法書士などの第三者の専門家や法人が選任されることもある。

2）任意後見制度

　本人が十分な判断能力のあるうちに，将来判断能力が不十分な状態になった場合に備え，あらかじめ自らが選んだ代理人（任意後見人）に，自分の生活や療養看護や財産管理に関して，代理権を与える契約を公正証書で結んでおくというものである。

（2）日常生活自立支援事業

　日常生活自立支援事業は，認知症高齢者や障害を抱える者など判断能力が不十分な人が，地域において自立生活を送れるよう支援している。地域福祉権利擁護事業とよばれることもある。具体的な援助の内容は，① 銀行預金の払い戻し等の日常的金銭管理，② 定期的訪問が中心となる。それらを通じて，① 福祉サービスの利用援助，② 苦情解決制度の利用援助，③ 日常生活上の消費契約や簡単な行政手続に関する援助等を行っている。利用者との契約に基づき，福祉サービスの利用援助等を行うもの

である。利用対象者は，生活上の判断能力が不十分であるが，契約内容についての判断ができる人である。実施主体は都道府県・指定都市社会福祉協議会である。窓口業務や実際の支援は市町村の社会福祉協議会等で実施している。

（3）高齢者虐待防止法

65歳以上の高齢者を対象とした「高齢者の虐待防止，高齢者の養護者に対する支援等に関する法律」（通称・高齢者虐待防止法）*が，2005（平成17）年に制定され，2006（平成18）年から施行されている。同法では虐待を，① 養護者による高齢者虐待（主に家族・親族・同居人），② 養介護施設従事者等による高齢者虐待（老人福祉施設，介護保険施設，有料老人ホーム，居宅サービス，地域包括支援センター等の職員）の二つに分けている。また，① 身体的虐待，② ネグレクト（長時間の放置，減食，職務上の義務放棄），③ 心理的虐待，④ 性的虐待，⑤ 経済的虐待の5種類に分類している。虐待対応の第一責任は市町村にあり，市町村が虐待事案の対応を行う。

＊　基本的に病院等医療機関は法律の対象外である。

（4）認知症対策

認知症については，2013（平成25）年度から5年間の計画として「認知症施策推進5か年計画」（オレンジプラン）が策定され進められた。その後，新たに「認知症施策

コラム　認知症ケアと認知症を抱える方の生活世界

対人援助職は，「個別ケア」を求められているにもかかわらず，ともすると利用者（クライエント）の「（現在の）状態像」から，先入観をもってしまうことがある。例えば，Aさんは「要介護4，男性80歳。アルツハイマー型認知症が発症して6年。長谷川式認知症スケール12点，問題行動あり（徘徊）。ADLは自立。糖尿病は服薬治療。キーパーソンは77歳の妻」である，といったような情報があったとする。

Aさんの，初めてのショートステイ利用。宿泊する夜を前にして，夕方困り果てた顔で施設内のフロアをうろうろし始め，スタッフ（あなた）をつかまえて「もう家に帰りたいのだが，出口はどこですか？タクシーを呼んでほしい」と訴える。あなたは，アルツハイマー型認知症があるから，徘徊はいつものことだから，すぐに忘れてしまうから，と考えてしまうかもしれない。申し送りや夕食の準備があり，気持ちが焦っているかもしれない。退勤後に約束があり，急いでいるかもしれない。

しかし，気持ちが焦り，不安の中にいるのは，実はAさんなのである。「（ホテルとも雰囲気が違う，でも病院とも違う）一度も来たことのないところにいる。ここには誰も知った人はいない（よぼよぼの老人たちと，こわそうな顔をしている若者たちばかり）。外を見ると，もう夕方。会社に戻ってから家に帰らないと妻が心配する。でも財布ももっていない。駅もどこだかわからない。どうしたらいいかわからない！（…焦ってパニック）」という気持ちが渦巻いているのではないか。

クライエント（ここではAさん）に対して，どれだけ「共感的理解」をし，適切な態度でかかわれるか。対人援助専門職であるあなたの声かけ（言葉遣い）と表情，態度によって，Aさんの気持ちと行動は大きく変わってくるのである。そのかかわりは，あなたにとっては数分のことであっても，記憶がこぼれ落ちるAさんにとっては人生の一大事である。

推進総合戦略」(新オレンジプラン) が 2017 (平成 29) 年に策定されている。その内容は，① 認知症への理解を深めるための普及・啓発の推進，② 認知症の容態に応じた適時・適切な医療・介護等の提供，③ 若年性認知症施策の強化，④ 認知症の人の介護者への支援，⑤ 認知症の人を含む高齢者にやさしい地域づくりの推進，⑥ 認知症の予防法，診断法，治療法，リハビリテーションモデル，介護モデル等の研究開発およびその成果の普及の推進，⑦ 認知症の人やその家族の視点の重視の 7 項目が掲げられている。

4．介護保険制度の導入

4．1　介護保険制度が導入されるまで

　前述のとおり，介護保険法は 1997 (平成 9) 年に制定され，2000 (平成 12) 年から施行された。それまでの老人福祉制度のシステムを大きく変える画期的なものであった。

　介護保険制度が導入されるまでに，高齢者を取り巻く社会の変化，家族の変化，制度の限界など社会的背景があった。社会の高齢化の進展に伴い，要介護高齢者の増加，介護期間の長期化など，介護ニーズの社会的増大があった。また，核家族化の進行，介護する家族の高齢化など，要介護高齢者を支えてきた家族をめぐる状況も変化してきた。そして分立していた老人福祉制度と老人医療制度による対応では限界が生じてきた状況があった。

　そこで，高齢者の介護を社会全体で支え合う仕組み（介護保険）を創設することになった。単に介護を要する高齢者の身の回りの世話をするということを超えて，高齢者の自立を支援することを理念とすること（① 自立支援），利用者の選択によって多様なサービス提供者から保健医療サービス・福祉サービスを総合的に受けられる制度とすること（② 利用者本位），給付と負担の関係が明確な社会保険方式を採用すること（③ 社会保険方式）が制度に盛り込まれることとなった。

4．2　介護保険制度の概要とその特徴

　制度の根拠法は，介護保険法である。介護保険の保険者は市町村である。被保険者は，① 65 歳以上の者（第 1 号被保険者）と，② 40〜64 歳の医療保険加入者（第 2 号被保険者）に分類される。第 1 号被保険者は原因を問わず要支援・要介護状態となったときに介護サービスを受けられる。第 2 号被保険者は特定疾病（老化を原因とした指定された疾病）が原因で要支援・要介護状態になった場合に受けることができる。

　介護保険制度では，市町村による要介護認定を受ける。介護の必要度（要介護度）は軽い順に，自立，要支援 1・2，要介護 1・2・3・4・5 の 8 段階である。自立と認定された場合は，介護保険による介護サービスを受けることはできない。

　介護保険制度のサービスには，大きく分類すると，① 施設サービス，② 居宅（在宅）サービス，③ 地域密着型サービスが位置づけられている（表 5-2）。在宅で生活しながらサービスを利用する場合は，複数のサービスを組み合わせて利用できる。その際，ケアマネジャー（介護支援専門員）によるケアマネジメントを受けながら，利用者本人

の自己決定が尊重される。サービス事業者と利用者は，対等な立場でのサービス利用契約を行う（契約制度）。利用者の支援（介護サービスの提供）は，ケアマネジャーを含めた多職種によるチームアプローチによって行われる。

　住み慣れた自宅で過ごすことを継続する在宅サービスを中心に，介護の必要度の悪化を防止する介護予防，回復や生活の再構築を図るリハビリテーションの考え方が重要である。高齢者の生活支援は，健康状態・栄養状態の維持が大きな重要度を占める。嚥下訓練，栄養ケアマネジメントなど，食にかかわる管理栄養士・栄養士，調理師，言語聴覚士等の役割は大きい。

コラム　老いと「死生観」

　語弊があるかもしれないが，高齢者は"死にゆく存在"である。死にゆくのはもちろん若い世代でも同様であるが，身体的な老化について考えると，高齢者はやはり（若者たちよりも）少し先をいっている存在であろう。

　高齢者領域で仕事をすると，利用者には80歳代・90歳代の方が多くいる。100歳を超える方も最近ではまれではない。しかし私たちは，80歳代や90歳代の方の身体に入り，その生活を経験することはできないので，想像したり，ご本人にそのことを聴いたりするのみである。例えば，目の前にいる利用者の高齢者Bさんは，95歳である。私たちの提供するサービスにかかわった時点（私たちが初めて会った時点）でのBさんは95歳としての存在であるが，ここに至るまで95年の人生・歴史を積み重ねてきた方である。そして，それは連続した経験である。

　人は，プラスの自己評価にせよ，マイナスの自己評価にせよ，その時点において自己イメージの中心となる年齢を起点にして今を生きているのではないか。例えば，20歳の学生であれば16歳の高校生から，40歳の大人であれば20歳後半の青年期から，60歳の熟年であれば40歳代の頃からあっという間に…などである。高齢者も同様である。人によっては40歳代から，70歳代から，90歳代に連続している。それこそ私たちが及びもつかない経験をされている場合もある（日本においては，戦争体験などはその一つである）。

　「鏡の中の自分を見ると，自分だと思う自分ではない。顔はしわしわで，身体は曲がっている。身体も思うように動かない。仕事も家事もできないし，こんなところ（施設）に入れられて。したいことは今まで全部やってきた。もうしたいことは何もない。早く死にたい！もう死ぬのは全然こわくないよ」。そんなことをいいながら，しっかり食事を摂り，リハビリに精を出している。身体の衰えや慢性疾病を抱え，「明日死ぬかもしれない」という不安を少なからず抱えている。

　逃れられない「死」への不安を抱えつつ，今日を生きている高齢者との今日のかかわりは，今日しか経験できない「宝物」のような時間である。

表5-2　介護保険サービス

種　類	サービスの種別	整理番号	サービスの種類 （介護給付）	介護予防給付	提供サービス	根拠法
①施設サービス	指定介護老人福祉施設（特別養護老人ホーム）	1	介護福祉施設サービス	－	要介護者に対し，施設サービス計画に基づいて，入浴，排せつ，食事等の介護その他の日常生活上の世話，機能訓練，健康管理および療養上の世話を行うことを目的とする。要支援者は利用できない。[*1]	介護保険法 第8条 第27項
①施設サービス	介護老人保健施設[*2]	2	介護保健施設サービス	－	要介護者に対し，施設サービス計画に基づいて，看護・医学的管理の下における介護，機能訓練，必要な医療，日常生活上の世話を行うことを目的とする。要支援者は利用できない。[*1]	介護保険法 第8条 第28項
①施設サービス	介護医療院[*2, 3]	3	介護医療院サービス	－	主として長期にわたり療養が必要である要介護者に対し，施設サービス計画に基づいて，療養上の管理，看護，医学的管理の下における介護および機能訓練その他必要な医療並びに日常生活上の世話を行うことを目的とする。要支援者は利用できない。	介護保険法 第8条 第29項
②居宅サービス	訪問系	1	訪問介護 訪問介護（共生型）[*4]	○	在宅で生活を送っている要介護者・要支援者（利用者）が利用する。居宅に支援者が訪問したり，利用者が施設に通所したり，短期入所したり，福祉用具を借りたり購入したりしてサービスを利用する。要介護度ごと（住宅改修は改修の種類ごと）に支給限度額が定められている。	介護保険法 第8条 第8条の2
②居宅サービス	訪問系	2	訪問入浴介護	○		
②居宅サービス	訪問系	3	訪問看護	○		
②居宅サービス	訪問系	4	訪問リハビリテーション	○		
②居宅サービス	訪問系	5	居宅療養管理指導	○		
②居宅サービス	通所系	6	通所介護 通所介護（共生型）[*4]	○		
②居宅サービス	通所系	7	通所リハビリテーション	○		
②居宅サービス	短期入所系	8	短期入所生活介護	○		
②居宅サービス	短期入所系	9	短期入所療養介護	○		
②居宅サービス	施設利用系	10	特定施設入居者生活介護	○		
②居宅サービス	福祉用具系	11	福祉用具貸与	○		
②居宅サービス	福祉用具系	12	特定福祉用具販売	○		
在宅	住宅改修	1	居宅介護住宅改修	○		
在宅	ケアマネジメント	2	居宅介護支援 （ケアマネジメント）	○[*5]		

③ 地域密着型サービス	訪問系	1	定期巡回・随時対応型訪問介護看護	－	市町村の地域を基本としながら，比較的小規模でのサービス提供を行ったり，夜間等の対応を行ったりするサービスである。グループホームなど認知症に焦点をあてたサービスも含まれている。要介護度ごとに支給限度額が定められている。	介護保険法第8条第14項第8条の2第12項
		2	夜間対応型訪問介護	－		
	通所系	3	地域密着型通所介護	○		
		4	認知症対応型通所介護	○		
		5	療養通所介護	－		
	多機能型	6	小規模多機能型居宅介護	○		
	グループホーム	7	認知症対応型共同生活介護	○		
	施設利用系	8	地域密着型特定施設入居者生活介護	－		
	入所系	9	地域密着型介護老人福祉施設入所者生活介護	－		
	複合型	10	複合型サービス（看護小規模多機能型居宅介護）	－		

＊1　2014年9月4日以降，新規入居者は要介護3以上の要介護者に対象が限定されることになった。

＊2　介護保険施設に含まれていた「指定介護療養型医療施設」の新設は2012年度以降認められておらず，（介護療養型）老人保健施設，介護医療院等への転換が引き続き進められている。

＊3　長期的な医療と介護のニーズを併せ持つ高齢者を対象とし，「日常的な医学管理」「看取り・ターミナルケア」等の医療機能と「生活施設」としての機能とを兼ね備えた施設。

＊4　共生型居宅サービスは，障害者総合支援法の指定も受けて，高齢者と障害児・者が同一の事業所でサービスを受けられる。2018年4月1日開始。

＊5　介護予防支援。

5．高齢者のための施設

5.1　老人福祉施設

　老人福祉施設は，老人福祉法第5条の3に規定されている。その種別は，① 老人デイサービスセンター，② 老人短期入所施設，③ 養護老人ホーム，④ 特別養護老人ホーム，⑤ 軽費老人ホーム，⑥ 老人福祉センター，⑦ 老人介護支援センターである（表5-3）。このうち，社会福祉法に規定される第1種社会福祉事業に分類されるのは，③・④・⑤ を経営する事業である。①・②・⑥・⑦ を経営する事業は第2種社会福祉事業に分類される。また，①・②・④ については介護保険サービスに組み込まれている。③ と ⑤ の施設においては，そこを自宅とみなして居宅サービスが提供されることもある。

　有料老人ホームは，高齢者を入所させて介護を行う施設であって，老人福祉施設や認知症グループホーム等ではないものである。老人福祉法第29条に規定されているが，老人福祉施設ではない。

5.2　地域包括支援センター

　地域包括支援センターは，介護保険法第115条の46に規定されている。設置主体は市町村で，保健師，社会福祉士，主任介護支援専門員等の3職種が配置されている。

表5-3　老人福祉施設

施設名	提供サービス	根拠法	
①老人デイサービスセンター	要介護者・要支援者を施設に通わせ，入浴，排せつ，食事等の介護，機能訓練，介護方法の指導その他の便宜を図る施設である。介護保険サービスの通所介護・認知症対応型通所介護・通所予防介護が提供される。	老人福祉法	第20条の2の2
②老人短期入所施設	要介護者・要支援者を施設に短期間入所させ，養護する施設である。介護保険サービスの（介護予防）短期入所生活介護を提供する。		第20条の3
③養護老人ホーム	市町村は必要に応じて，「65歳以上の者で環境上の理由及び経済的理由により居宅において養護を受けることが困難なもの」を当該市町村の設置する養護老人ホームに入所させる措置を行わなければならない，と規定されている（第11条第1号）。このような高齢者を入所させて養護し，自立した日常生活を営み，社会的活動に参加するために必要な指導・訓練・その他の援助を行うことを目的とする施設である。		第20条の4
④特別養護老人ホーム	入所する要介護者に対し，施設サービス計画に基づいて，入浴，排せつ，食事等の介護その他の日常生活上の世話，機能訓練，健康管理および療養上の世話を行うことを目的とする施設である。特別養護老人ホームは，老人福祉法による設置認可が行われると，同時に介護保険法による介護老人福祉施設の指定が行われる，介護保険施設の一つである。地域密着型サービスが提供される小規模施設もある。		第20条の5
⑤軽費老人ホーム	無料または低額な料金で，高齢者を入所させ，食事の提供その他日常生活上必要な便宜を供与することを目的とする，上記①②③④以外の施設である。		第20条の6
⑥老人福祉センター	無料または低額な料金で，高齢者に関する各種の相談に応ずるとともに，高齢者に対して，健康の増進，教養の向上およびレクリエーションのための便宜を総合的に供与することを目的とする施設である。		第20条の7
⑦老人介護支援センター	地域の高齢者の福祉に関する問題について，高齢者・その者を現に養護する者・地域住民その他の者からの相談に応じ，必要な助言を行うとともに，主として居宅において介護を受ける高齢者・その者を現に養護する者，市町村，老人居宅生活支援事業者，老人福祉施設，医療施設，老人クラブ，その他関係者等との連絡調整，その他の援助を総合的に行うことを目的とする施設である。いわゆる「在宅介護支援センター」である。近年は介護保険法による「地域包括支援センター」に事業種別の変わっている施設も多くなっている。		第20条の7の2

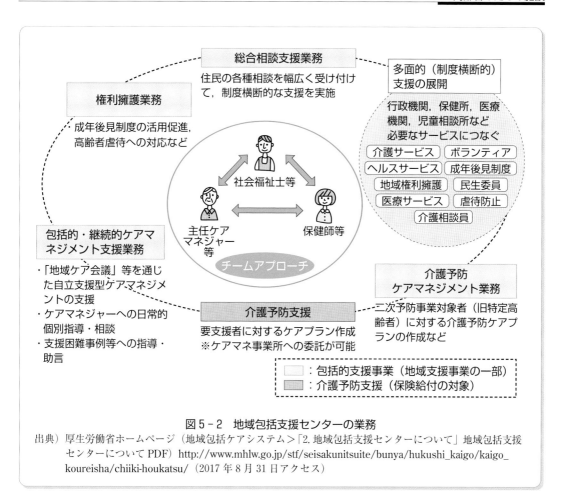

図5-2 地域包括支援センターの業務

出典）厚生労働省ホームページ（地域包括ケアシステム＞「2.地域包括支援センターについて」地域包括支援
センターについてPDF）http://www.mhlw.go.jp/stf/seisakunitsuite/bunya/hukushi_kaigo/kaigo_
koureisha/chiiki-houkatsu/（2017年8月31日アクセス）

チームアプローチにより地域住民の心身の健康の保持，生活の安定のための援助を行
い，保健医療の向上，福祉の増進を包括的に支援することを目的とした施設である。
　主な業務としては，介護予防支援，包括的支援事業（① 介護予防ケアマネジメント業務，
② 総合相談支援業務，③ 権利擁護業務，④ 包括的・継続的ケアマネジメント支援業務）で，
制度横断的な連携ネットワークを構築して実施している（図5-2）。

5.3　サービス付き高齢者向け住宅

　高齢者の居住の安定確保に関する法律（通称・高齢者居住安定確保法，2001年制定）が，
2011（平成23）年に改正され「サービス付き高齢者向け住宅」制度が開始された。
① 規模は原則25㎡以上，② バリアフリー，③「安否確認」と「生活相談サービス」の
提供が必須，④ 長期入院等で一方的な解約をしない等の登録基準がある。都道府県
は立ち入り検査や指示等の指導監督ができる。

6．今後の課題と展望

　これまでみてきたように，日本は経験したことのない超高齢社会に進んでいくことが見込まれている。高齢者が増え，現役の労働者人口が減れば，社会的サービスの財源不足および福祉や介護・医療等の対人援助サービスのマンパワー不足に直面せざるを得ないことも簡単に想像できる。

　福祉・介護従事者の確保は大きな課題である。厚生労働省によれば，2025年には介護職員はさらに1.5倍以上必要と推計されている（2012年：149万人→2025年推計：220〜240万人程度）。介護以外の相談員やコメディカル（医師の指示のもとで業務を行う医療従事者）職も同様である（2012年：70万人→2025年推計：105〜130万人程度）。介護職員の離職率は，産業全体と比べて，常勤労働者で高い。また，介護分野の平均賃金の水準も産業全体の平均賃金と比較して低い傾向にある。賃金（報酬）が人材確保のバリアになっているのであれば，急いで対策を進めなければならない。

　人材の国際化もさらに検討が必要である。現在進められている福祉・介護人材確保のための対策がより一層進められなければならない。しかし，このことにより利用者

コラム　高齢者の生活と食事・栄養

　加齢による身体的な衰え，脳血管障害による片まひの後遺症など，その原因はさまざまだが，高齢者は嚥下機能が低下することが多い。嚥下機能低下による嚥下障害は，誤嚥性肺炎を併発し重篤な状態になることもあり，ケアプランを策定する中で，リスクチェックが必須の項目である。介護保険サービスの施設サービスや短期入所・通所サービスには，嚥下機能維持や栄養ケアマネジメントに加算がつくものもある。

　高齢者は，嚥下障害だけでなく，疾病の重篤化，身体機能や体力の低下により，食事を十分に取れなくなることもある。食事が十分に取れなければ，栄養状態も悪くなり，疾病そのものへの抵抗力や筋力も低下してしまう。医療的管理を伴うが，鼻腔マーゲンチューブや胃ろうによる流動食，中心静脈栄養（点滴による栄養）による栄養摂取の方法もある。

　一方で，食事やその嗜好には，クライエント（高齢者）一人ひとりの人生が表れるものである。料理方法や郷土料理，外国の料理，お酒等も含めれば，食事の好みは無尽蔵に広がる。「施設では（嚥下困難があって）お粥しか食べられなかったお年寄りが，お寿司を食べにいったらパクパク食べた」とか，「いつもは脱水予防のために水分（お茶）を促してもなかなか口をつけないお年寄りが，居酒屋イベントのときにノンアルコールビールをおいしそうに飲んで，日本酒もほしがった」，「認知症でいつもはゲームにもあまり参加しないお年寄りが，料理クラブのときに自分から包丁をもって野菜の皮を剥いた」など，高齢者サービスの中で食にかかわるエピソードは多い。

　施設サービスの中で，利用者の大きな楽しみの一つは，毎日の食事である。施設における給食では，嚥下機能によって，常食・刻み食・超刻み食・ソフト食・ペースト食というように複数の食形態を用意することもできる。生活の支援を行うスタッフが工夫することによって，身体に障害があっても，施設での生活にもメリハリや楽しみができる。

　嚥下機能の低下防止を含めた体力・抵抗力の維持やリハビリテーション等の継続には，日常の十分な栄養摂取が欠かせない。そのためには，彩りのある食事メニューや食事時間への配慮が求められるのである。

の尊厳と自己決定の尊重を原則とする介護・高齢者福祉の質の低下を招いてはならない。対人援助に携わる人材への専門職教育，リカレント教育，倫理や技術・知識にかかわる継続的の研修の機会も確保されなければならない。

増大する高齢者（特に要介護高齢者）に対する介護および医療にかかる財源の問題は，サービス拡充と切り離せない。保険料およびサービス利用時の自己負担の継続的な見直しが求められよう。今以上の費用自己負担が必要になれば，支払うことができない経済階層も増えることになる。負担軽減の制度整備，生活保護を中心としたセーフティネットの機能の拡充も合わせて考えていかなければならない課題である。

地域包括ケアの推進や地域コミュニティの再形成が進められている。厚生労働省からは，地域共生社会の実現が目標として掲げられている。高齢者の介護・福祉という領域にとどまらず，地域における児童，障害者，生活困窮者・経済的貧困者，在日外国人，刑余者，社会的孤立にある人等，地域コミュニティの課題としてとらえ，誰もが共生できる社会づくりがますます求められる。いかに柔軟に他者を包摂し共生し，一方で個人の自己決定を尊重できるか。いかに他者の自由を尊重し，いかにかかわり合いともに支え合うか。社会的包摂（ソーシャル・インクルージョン）の考え方である。

今後の少子・超高齢社会のありようは，私たち一人ひとりの精神的・物質的なライフスタイル，社会や人とのかかわり方，「ウェルビーイング（well-being）」のとらえ方に問い返されている。これからの時代は，家族，職場・施設や学校等も含む社会，地域コミュニティにおける他者へのまなざしを，一人ひとりが大事にすることが改めて求められている。

文　献

●参考文献
・内閣府：『高齢社会白書〈令和 2 年版〉』（2020）
・厚生労働省：『厚生労働白書〈令和 2 年版〉—令和時代の社会保障と働き方を考える—』日経印刷（2020）

第 **6** 章

障害者のための福祉制度・施設

1. 障害者福祉の基本的な考え方

1.1 障害の構造的理解

　「障害」という言葉は私たちの生活の中で目にしやすい言葉といえよう。例えば，聴覚障害者を主役にした漫画や，パラリンピックで金メダルを取ったというニュースで見聞きすることがある。この一見私たちに身近な「障害」という言葉だが，「障害とは何か」を説明することはそう簡単なことではない。そこで，障害を構造的に理解しようとした国際的な試みを確認したい。

（1）ICIDH

　世界保健機関（WHO）は 1980（昭和 55）年に国際障害分類（ICIDH）を発表した（図6-1）。ICIDH の特徴は，それまで本人の身体的機能，すなわち医学的な視点から障害のあるなしをとらえていたが，新たに障害を三つに分類した点にある。

　病気やけがによる心身の生理的・解剖学的な障害を「機能障害」（impairment）とし，そのために実際の生活の活動が制約された「能力障害」（disability）が発生し，さらにそれによりその人が社会的役割を果たせなくなる「社会的不利」（handicap）が生じるとした。例えば，両足を骨折し，車いすを利用している人について考えてみよう。図6-1 の流れからすると，「疾患・変調」は両足の骨折の要因であり，ここでは"交通事故"としよう。「機能障害」＝"両足の骨折"，そしてそれにより「能力障害」＝"歩くことができない"といったことが想定される。その結果，「社会的不利」＝"仕事に行くことができない"といったことが生じる。このように，ICIDH は障害を三つに整理したことで，障害の理解に役立つと評価された。

　一方，「機能障害」から「能力障害」，「社会的不利」へと一方向の矢印で示されて

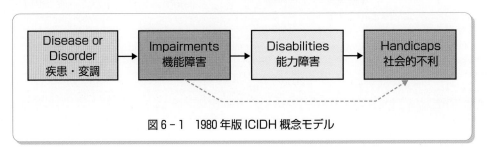

図6-1　1980 年版 ICIDH 概念モデル

いることで,「機能障害」の軽減が結果として「社会的不利」を解消すると誤解されやすいこと,環境による相違の説明ができないといった批判も存在した。

（2）ICF

そこで,WHO は 2001（平成 13）年に ICIDH に代わるものとして,国際生活機能分類（ICF）を公表した（図6-2）。ICF の特徴は ICIDH と比較するとわかりやすい。まず,1点目として,否定的な言葉を使用していないことがあげられる（表6-1）。2点目として,環境因子,個人因子を新たに設定したこと,3点目として,一方向性の矢印から双方向性の矢印になったことがあげられる。

この ICF の活用により,今まで障害を本人の機能に起因する視点（医学モデル）のみでとらえていたのに対し,環境に起因する視点（社会モデル）を含めた総合的な視点（統合モデル）によって障害を理解することが可能となった。

例えば,ICIDH 同様,両足を骨折してしまい,車いすを利用しているとする。最寄りの駅には階段しかなく,仕事に行くことができない。この場合,仕事に行けない要因としては,両足を骨折したという「心身機能・身体構造」に障害があるのか,最寄りの駅に階段しかないという「環境因子」に障害があるのか,どちらであろう。仕事に行けないという"参加"の制約を改善するためのアプローチを考えるうえで,どちらに障害があるのか理解するのは非常に重要である。そして,ICF は,本人の「心身機能・身体構造」に着目する医学モデルの視点だけではなく,本人の「環境因子」に着目する社会モデルの視点を含め,双方の視点で考えることができる点が最大の特徴といえる。

表6-1　ICIDH と ICF の用語比較

ICIDH	ICF
疾患／変調	健康状態
機能障害	心身機能・身体構造
能力障害	活動
社会的不利	参加

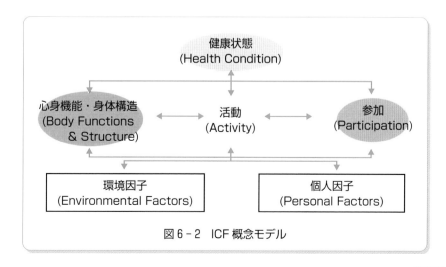

図6-2　ICF 概念モデル

1.2　障害者福祉に影響を与えた理念

（1）ノーマライゼーション

　ノーマライゼーションは，デンマークの行政官であったバンク・ミケルセン（N. E. Bank-Mikkelsem）が提唱した考えである。当時のデンマークの知的障害者の入所施設の生活環境は劣悪なもので，その改善を求め，親の会が活動しており，この活動にバンク・ミケルセンもかかわっていた。バンク・ミケルセンの考えは，知的障害者の生活条件をその地域社会の中でノーマルなものにする，もしくはノーマルに近づけることであり，決して知的障害者をノーマルにするという考えではない。

（2）自立生活運動

　自立生活運動は 1960 年代から 1970 年代のアメリカ・カリフォルニア大学バークレー校の障害のある学生の運動からはじまったといわれている。この運動では，従来，自立を身体的自立，経済的自立のみととらえてきたのに対し，自己決定権の行使により自己選択することを自立と主張した。

　代表的な言葉として，「他人の助けを借りて 15 分で衣服を着，仕事に出かけられる障害者は，自分で衣類を着るのに 2 時間かかるために家にいるほかない障害者よりも自立している」というものがある。現在の障害者福祉においては，障害者の自己決定，自己選択は最も重要視されており，自立生活運動の影響は大きい。

2．障害者福祉の現状

2.1　障害者の法的定義

　次に，日本における障害児・者の法的定義について紹介したい。先に紹介した医学モデル，社会モデルのどちらの視点に立って定義されているか確認してほしい。まずは障害児・者の法律や制度についての基本的な考え方を示す障害者基本法について確認し，その後，それぞれの障害種別ごとに確認する。

（1）障害者基本法

　障害者基本法は 2011（平成 23）年に大きく改正された。この中で，障害者を「身体障害，知的障害，精神障害（発達障害を含む。）その他の心身の機能の障害（以下「障害」と総称する。）がある者であって，障害及び社会的障壁により継続的に日常生活又は社会生活に相当な制限を受ける状態にあるものをいう」（第 2 条第 1 号）と規定している。

（2）身 体 障 害

　1949（昭和 24）年に制定された身体障害者福祉法は，身体障害の範囲を視覚障害，聴力障害，言語機能障害，肢体不自由，中枢神経機能障害の五つに規定した。その後，心臓・呼吸器の機能障害，内部障害が随時加えられるなど，身体障害の定義は時代を経るにつれ，範囲が拡大されていった。

　具体的には，身体障害者福祉法施行規則別表第5号にて，身体障害の種類を等級表として掲げている。身体障害の種類は大きく分けて，① 視覚障害，② 聴覚・平衡機能の障害，③ 音声・言語・そしゃく機能の障害，④ 肢体不自由，⑤ 心臓・腎臓・呼吸器・ぼうこう・直腸・小腸・ヒト免疫不全ウイルスによる免疫・肝臓の機能障害となっており，それぞれに1級から7級までの等級が設定され，1級が最も重い障害となっている。

　上記の障害に該当する人は，都道府県知事より身体障害者手帳が交付される。

（3）知 的 障 害

　日本において，知的障害の法的定義は明確には存在しない。厚生労働省は知的障害（児）者基礎調査において，知的障害を「知的機能の障害が発達期（おおむね18歳まで）にあらわれ，日常生活に支障が生じているため，何らかの特別の援助を必要とする状態にあるもの」と定義している。ここでの知的機能の障害は，標準的な知能検査で知能指数（IQ）が70以下，日常生活の能力は，自立機能，運動機能，意思交換，探索操作，移動，生活文化，職業等の能力とされている。

　上記の知的障害に該当する場合，都道府県知事より療育手帳が交付される。しかしながら，知的障害が法的に明確に定義されていないことから，療育手帳についても明記されていない。そのため，療育手帳ではなく，愛の手帳，緑の手帳といった名称の都道府県が一部存在する。また，障害の重さを表記する等級についても都道府県によって異なる。

（4）精 神 障 害

　精神障害は医療の対象であり，福祉の対象として認識なされていなかった歴史がある。しかし，1993（平成5）年の障害者基本法の改正において，はじめて精神障害者が法的に障害者と明記され，その2年後の1995（平成7）年の精神保健及び精神障害者福祉に関する法律（通称・精神保健福祉法）において，精神障害者は「統合失調症，精神作用物質による急性中毒又はその依存症，知的障害，精神病質その他の精神疾患を有する者をいう」（第5条）と定義された。

　上記の障害に該当する場合，精神障害者保健福祉手帳が交付される。

（5）発 達 障 害

　発達障害の法的定義は，2005（平成17）年に施行された発達障害者支援法において初めてなされたといえる。発達障害者支援法では，発達障害を「自閉症，アスペルガー症候群その他の広汎性発達障害，学習障害，注意欠陥多動性障害その他これに類する脳機能の障害であってその状態が通常低年齢で発現するものとして政令で定めるものをいう」（第2条）と定義している。また，「『発達障害者』とは，発達障害がある者であって発達障害及び社会的障壁により日常生活又は社会生活に制限を受けるもの

をいい，『発達障害児』とは，発達障害者のうち18歳未満のものをいう」としている（第2条第2項）。

（6）難　　病

難病とは，障害者総合支援法では「治療方法が確立していない疾病その他の特殊の疾病であって政令で定めるものによる障害の程度が厚生労働大臣が定める程度である」もの（第4条）と規定されている。

2013（平成25）年の障害者総合支援法の施行により，「難治性疾患克服研究事業」の対象である130疾患と関節リウマチといった一定の難病が対象となった（2017（平成29）年4月時点で358疾患）。難病の患者への福祉サービスについては，これまでは補助金事業として一部の市区町村での実施にとどまっていたが，障害者総合支援法の対象となることにより，すべての市区町村での実施が可能となった。

（7）障　害　児

障害児が法的に定義されたのは，身体障害者福祉法が制定された2年前，1947（昭和22）年に制定された児童福祉法においてである。それ以降，障害者については身体障害，知的障害，精神障害と障害種別ごとに法制度が整備されていったのに対し，18歳未満の障害児については，児童福祉法に現在でも位置づけられている。現在の児童福祉法では，「身体に障害のある児童，知的障害のある児童，精神に障害のある児童（発達障害者支援法第2条第2項に規定する発達障害児を含む。）」（第4条第2項），難病の児童と定義されている。

2.2　障害児・者数

日本には障害児・者がどのくらい生活しているのであろうか。厚生労働省によれば，表6-2のとおり，身体障害児・者は約430万人，知的障害児・者は約100万人，精神障害者は約420万人の合計約950万人である。

表6-2　障害児・者数

	総　　数	在宅者	施設入所者（入院者）
身体障害児・者	4,360,000人	4,287,000人	73,000人
知的障害児・者	1,082,000人	962,000人	120,000人
精神障害者	4,193,000人	3,891,000人	302,000人

出典）身体障害児・者，知的障害児・者在宅者数：「平成28年生活のしづらさなどに関する調査結果」
　　　身体障害児・者施設入所者数，知的障害児・者施設入所者数：「社会福祉施設等調査（2018年）」
　　　精神障害者数：「患者調査（2017年）」

2.3　障害者を対象とした制度・サービス

（1）変　　遷

　第二次世界大戦後の日本の障害者福祉施策は身体障害，知的障害，精神障害等，すなわち障害種別ごとに展開してきた。身体障害者に関する法律は最も古く，1949（昭和24）年に身体障害者福祉法が施行されている。その後，1960（昭和35）年に精神薄弱者福祉法（現・知的障害者福祉法），1995（平成7）年に精神保健及び精神障害者福祉に関する法律がそれぞれ施行されていった。その結果，施設やその他のサービスについても，それぞれの障害種別ごとに整備されることとなった。

　2000（平成12）年の社会福祉基礎構造改革以降，障害者福祉施策の中でも，従来の措置制度からの転換が行われ，新たに支援費制度が2003（平成15）年に成立した。しかし，支援費制度は精神障害を対象とせず，身体障害，知的障害のみを対象としていたこと，サービスの提供に地域格差が生じていること，急激な予算額の増加等を理由に，2006（平成18）年には障害者自立支援法が施行されることとなった。障害者自立支援法では，先述した課題に対応し，身体障害，知的障害，精神障害の三障害を統合，応益負担を導入し，サービスを利用した分の自己負担額の設定等が行われた。しかし，2009（平成21）年の政権交代後，障害者制度の変更が検討され，障害者自立支援法の改正が行われ，応益負担から応能負担へ変更された。また，2013（平成25）年には障害者自立支援を改正・改称し，障害者の日常生活及び社会生活を総合的に支援するための法律（通称・障害者総合支援法）が施行された。

　障害者総合支援法の特徴は，障害者自立支援法のサービス体系をほとんどそのままにしながら，障害者の範囲の見直しとして，難病を新たに対象に加えたことがあげられる。

（2）障害者総合支援法の内容

　障害者総合支援法のサービスは，介護給付や訓練等給付等の自立支援給付と，地域生活支援事業に大別される（図6-3）。

1）自立支援給付

　自立支援給付は障害者自立支援法から変わらず，三障害を対象とした各種のサービスが整備されている。それ以前は障害種別ごとにサービスが整備されていた。例えば，ホームヘルプは身体障害，知的障害と障害種別ごとに整備されており，身体障害を対象とするホームヘルプ事業所は身体障害児・者のみしか利用できなかった（図6-4左）。しかし，障害者総合支援法では一つの障害種別のみを対象とするのではなく，三障害を対象とした居宅介護という事業が整備されている（図6-4右）。また，昼と夜のサービスが一体であった施設系サービスについては，昼のサービスと夜のサービスを組み合わせることができるようになり，選択肢の幅が広がった。

　障害者総合支援法では，介護給付に9種類のサービス，訓練等給付に6種類のサービスが位置づけられている。自立支援医療は以前，身体障害者福祉法，児童福祉法，

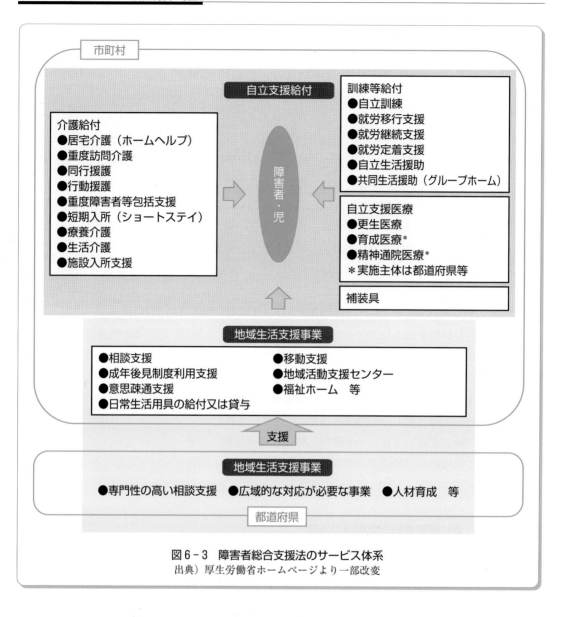

図6-3　障害者総合支援法のサービス体系
出典）厚生労働省ホームページより一部改変

精神保健福祉法にそれぞれ定められていた医療給付を統合したものである。具体的な内容については，図6-4に示した。

2）地域生活支援事業

地域生活支援事業は，その地域の特性に合わせて柔軟に実施できるよう，市町村あるいは都道府県が実施主体となる事業である。具体的な事業内容は，必ず行う事業と市町村あるいは都道府県の任意で行う事業に分類される。また，市町村が実施する事業は，地域で生活する障害者の社会参加への支援などを目的としているのに対し，都道府県が実施する事業は，専門性の高い相談支援事業や広域的な事業，専門職の養成を行っている点が特徴といえる。

旧サービス

区分	サービス
居宅サービス	ホームヘルプ（身・知・精・児）
居宅サービス	デイサービス（身・知・精・児）
居宅サービス	ショートステイ（身・知・精・児）
居宅サービス	グループホーム（知・精）
施設サービス	重症心身障害児施設（児）
施設サービス	療護施設（身）
施設サービス	更生施設（身・知）
施設サービス	授産施設（身・知・精）
施設サービス	福祉工場（身・知・精）
施設サービス	通勤寮（知）
施設サービス	福祉ホーム（身・知・精）
施設サービス	生活訓練施設（精）

注）身：身体障害者，知：知的障害者，精：精神障害者，児：障害児

障害者総合支援法の主なサービス

区分	サービス	内容
介護給付	居宅介護（ホームヘルプ）	自宅で，入浴，排せつ，食事の介護等を行います。
介護給付	重度訪問介護	重度の肢体不自由者で常に介護を必要とする人に，自宅で，入浴，排せつ，食事の介護，外出時における移動支援などを総合的に行います。
介護給付	同行援護	視覚障害により，移動に著しい困難を有する人に，移動に必要な情報の提供（代筆・代読を含む），移動の援護等の外出支援を行います。
介護給付	行動援護	自己判断能力が制限されている人が行動するときに，危険を回避するために必要な支援，外出支援を行います。
介護給付	重度障害者等包括支援	介護の必要性がとても高い人に，居宅介護等複数のサービスを包括的に行います。
介護給付	短期入所（ショートステイ）	自宅で介護する人が病気の場合などに，短期間，夜間も含め施設で，入浴，排せつ，食事の介護等を行います。
介護給付	療養介護	医療と常時介護を必要とする人に，医療機関で機能訓練，療養上の管理，看護，介護及び日常生活の世話を行います。
介護給付	生活介護	常に介護を必要とする人に，昼間，入浴，排せつ，食事の介護等を行うとともに，創作的活動又は生活活動の機会を提供します。
介護給付	障害者支援施設での夜間ケア等（施設入所支援）	施設に入所する人に，夜間や休日，入浴，排せつ，食事の介護等を行います。
訓練等給付	自立訓練（機能訓練・生活訓練）	自立した日常生活又は社会生活ができるよう，一定期間，身体機能又は生活能力の向上のために必要な訓練を行います。
訓練等給付	就労移行支援	一般企業等への就労を希望する人に，一定期間，就労に必要な知識及び能力の向上のために必要な訓練を行います。
訓練等給付	就労継続支援（A型＝雇用型，B型）	一般企業等への就労が困難な人に，働く場を提供するとともに，知識及び能力の向上のために必要な訓練を行います。
訓練等給付	就労定着支援	一般就労に移行した障害者を対象に，生活面の課題を把握し，課題解決に向けた支援を行います。
訓練等給付	自立生活援助	障害者支援施設やグループホーム等を利用していた障害者で一人暮らしを希望する者に対し，定期的に訪問し，生活の課題把握及び解決に向けた支援を行います。
訓練等給付	共同生活援助（グループホーム）	夜間や休日，共同生活を行う住居で，相談や日常生活上の援助を行います。
地域生活支援事業	移動支援	円滑に外出できるよう，移動を支援します。
地域生活支援事業	地域活動支援センター	創作的活動又は生産の機会提供，社会との交流等を行う施設です。
地域生活支援事業	福祉ホーム	住居を必要としている人に，低額な料金で，居宅等を提供するとともに，日常生活に必要な支援を行います。

図6－4　障害者総合支援法の主なサービス内容　　出典）厚生労働省ホームページより一部改変

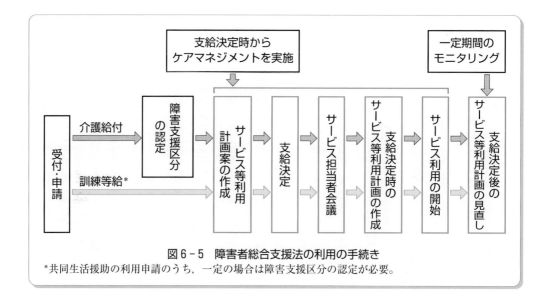

図6-5　障害者総合支援法の利用の手続き

*共同生活援助の利用申請のうち，一定の場合は障害支援区分の認定が必要。

3）利用手続き

障害者総合支援法のサービスを利用する際，介護給付，訓練等給付，地域生活支援事業の種類によって利用の手続きは若干異なる（図6-5）。

介護給付を利用する場合，まず市町村窓口に申請し，障害支援区分の認定を受ける。この障害支援区分は区分1から6に分かれており，80項目の聞き取りと医師の診断書により認定審査会が行われ，決定する。区分は1が軽く，6が最も重い。その後，指定特定相談支援事業所とどのようなサービスを利用したいか相談をして，サービス等利用計画を作成する。これらを市町村の窓口に提出し，サービスの支給が決定され，サービスを利用することができる。

一方，訓練等給付を利用する場合は，サービス等利用計画は必要であるが，障害支援区分の認定は不要となる。

また，地域生活支援事業を利用する場合は，サービス等利用計画や障害支援区分の認定は必要ない。

このサービス等利用計画作成にあたっては，先に示した指定特定相談支援事業所のほかに，障害者本人，家族等の作成も可能となっている。

2.4　その他の制度・サービス

（1）手帳制度

障害者の法的定義でも述べたように，身体障害者，知的障害者，精神障害者の定義に該当する者については，各障害者手帳が交付され，税の減免，交通機関の運賃割引等のサービスを受けることができる。

（2）障害年金

　障害者向けの公的年金には，障害基礎年金，障害厚生年金，障害共済年金の三つがある（図6-6）。

　障害基礎年金は，原則的に20歳以上60歳未満のすべての国民が加入する国民年金の被保険者が，病気やけがによって年金の障害要件に合致した場合に支給される。一つ目の要件は障害の原因となった疾病・負傷についての初診日に国民年金の被保険者であること，二つ目の要件は初診日から1年6か月を経過した日あるいは傷病が治癒または固定化した日において，国民年金法が定める障害状態にあること，三つ目の要件は加入期間のうち3分の1以上保険料の滞納がないことである。障害基礎年金の等級は障害程度に応じて1級と2級に分類される。年金額は2級が老齢基礎年金と同額，1級は2級の1.25倍となる。

　障害厚生年金は，厚生年金に加入している間に初診日のある病気やけがで障害基礎年金に該当する障害の状態になったときに支給される。

　また，障害共済年金は，公務員等の共済組合に加入している人が対象となる。

（3）障害者虐待防止

　2012（平成24）年10月に施行された障害者虐待の防止，障害者の養護者に対する支援等に関する法律（通称・障害者虐待防止法）の目的は，①障害者虐待の防止，②虐

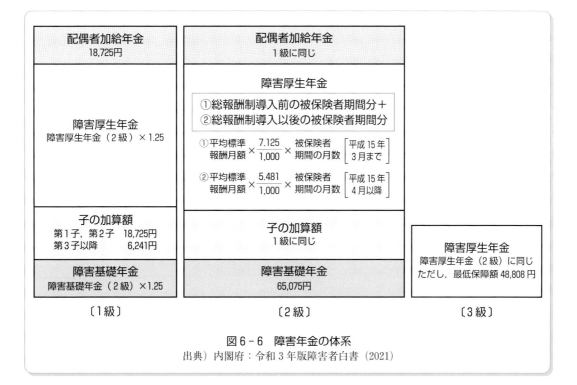

図6-6　障害年金の体系
出典）内閣府：令和3年版障害者白書（2021）

待を受けた障害者の保護および自立支援，③養護者に対する支援等があげられ，障害者基本法に規定されている障害者を対象にしている。

　障害者虐待防止法には，主たる虐待者として，①養護者，②障害者福祉施設従事者等，③使用者（障害者を雇用する事業主等）が規定されている。また，虐待の種類として，①身体的虐待，②性的虐待，③ネグレクト，④心理的虐待，⑤経済的虐待が規定されている。

（4）障害者差別解消

　2016（平成28）年4月に施行された障害を理由とする差別の解消の推進に関する法律（通称・障害者差別解消法）では，「不当な差別的取扱い」を廃止し，「合理的配慮の提供」を求めている。不当な差別的取扱いとは，正当な理由なく，障害を理由として差別することを指す。また，合理的配慮の提供とは，障害者一人ひとりの状況に応じた変更や調整等を，金や労力などの負担がかかりすぎない範囲で行うことを指す。

　障害者差別解消法における障害者は，障害者手帳の有無によって選別されない。またこの法律では，個人による不当な差別的取扱いの廃止，合理的配慮の提供を求めるのではなく，国，都道府県，市町村，会社や店舗等によるものを対象にしている。

コラム　日本には障害者が何人いるか？

　日本には障害者が約950万人いる。これは厚生労働省も報告している数値である。しかし，障害があり，生活のしづらさを抱えている人が何人いるのかはわからない。それが日本の現状である。

　まず，2016（平成28）年に行われた「生活のしづらさ調査」の結果をみてみよう。この調査は，約2,400の国勢調査の調査区をランダムに選択し，選ばれた調査区の世帯に調査員が訪問するという方法が取られている。この結果から得られた障害者数をもとに推計値として出されたのが，身体障害者436万人，知的障害者108万人である。

　一方，厚生労働省では2016（平成28）年度末時点，身体障害者手帳所持者は514万人，療育手帳所持者は104万人と報告している。

　2種類のデータを比較すると，身体障害者で約68万人，知的障害者で約4万人の差異がみられる。要因として，「生活のしづらさ調査」がすべての地区を対象にしていないこと，手帳所持者数は都道府県，政令指定都市で把握しているが，死亡者や転移者については届け出がない限り，把握しきれないことがあげられる。また，日本の障害者の法的定義は医学モデルに基づいている。そのため，認定基準に該当しない場合障害者数にはカウントされていない。また，偏見などからみずから申請しない人も同様である。

　この結果，日本の20〜64歳までの障害者の割合は4.4％といわれており，この数値は経済協力開発機構（OECD）がまとめた加盟国の平均14％を大きく下回っている。OECDがまとめた加盟国各国の調査は家計調査における自己申告を基礎としており，典型的な設問としては，慢性的な心身の健康問題・病気や障害の有無や，それがもとで日常活動が一定期間以上（6か月が平均）制限されているかどうかをたずね，全国民を対象にしている。このような調査は日本にはない。このような調査を実施することで，はじめて社会の中で障害があり，生活のしづらさを抱えている人の実態が明らかになり，その対応策を講じることができるといえる。

3．今後の課題と展望

3．1　障害者権利条約の批准と対応

　障害者への差別をなくし，社会参加を促す障害者の権利に関する条約（通称・権利条約）は 2006（平成 18）年 12 月に国際連合総会において採択，2008（平成 20）年 3 月に発効された。日本はこの権利条約を 2014（平成 26）年 1 月に批准した。

　権利条約は前文と本文 50 条から構成されている。これらの条文はすでにこれまでの国際人権法における人権規定を踏襲しているが，権利条約において，障害者の権利として明確化し，権利保障を実行のあるものにする点で意義深い。

　権利条約の批准においては，すでに国内で法整備の取り組みが行われている。例えば，障害者基本法の抜本的な改正，障害者虐待防止法，障害者差別解消法の制定，障害者雇用促進法，精神保健福祉法の改正などがあげられる。しかし，権利条約は批准して終わりではない。障害者権利条約を実施する必要があるが，そのためには，日本国内でさらに検討が必要となってくる。そのためにも，障害者権利条約の進捗状況を国民の目線で点検していくことが重要といえる。

3．2　拡大する障害者福祉

　第二次世界大戦以降，障害者福祉施策の整備には目を見張るものがある。現に，障害者福祉サービスの予算額や利用者はますます増加傾向にある。2019（令和元）年度の予算額は 1 兆 5,000 億円を超え，2005（平成 17）年度の約 3 倍となっている。

　障害者福祉施策が整備され，障害者の生活の質が高まることは喜ばしいことである。しかし，人口減少を迎える今後の日本の国家財政の中で，持続性のある施策を考えた場合，一考の余地はある。何らかの生活課題を抱えている生活困窮者，高齢者，児童，そして障害者を別々に対象とした現行の社会福祉施策から，どのような施策を講じることができるか考えるべき時期に差し掛かっている。

文　　献

●参考文献
・小澤　温編：『よくわかる障害者福祉　第 5 版』ミネルヴァ書房（2014）
・勝又幸子：「第 6 章　障害者と格差社会」橘木俊詔編著：『格差社会』ミネルヴァ書房（2012）
・佐藤久夫・小澤　温：『障害者福祉の世界　第 4 版』有斐閣（2010）
・日本障害フォーラム：『みんなちがってみんな一緒！障害者権利条約（改訂版）』（2014）

第 7 章

介護を必要とする人びとと介護の概要

1. 介護の社会的意義

1.1 介護の対象

　新聞やテレビ等のメディアにおいて，「介護」にかかわる記事や番組を目にすることは珍しいことではない。特に高齢者の「介護」は，社会の関心を多く集めている事がらであり，早急に解決しなければならない課題が多く存在しているためでもある。この「介護」の課題に対応するために，制度や仕組みは日々変化を繰り返し，同時に支援の内容も時代とともに大きく変化している。科学技術や医療が急速な進展をみせる昨今，単に介護を受けるだけではなく，さまざまな支援を受けながら，みずからが望む生活をみずからが組み立てられる体制が整いつつある。

　「介護」を職業として専門的に担う資格に「介護福祉士」があげられる。介護福祉士は 1987（昭和 62）年の社会福祉士及び介護福祉士法によって創設された。同法では「専門的知識及び技術をもって，<u>身体上又は精神上の障害があることにより日常生活を営むのに支障がある者</u>につき心身の状況に応じた介護を行い（略）」（第 2 条第 2 項）（下線筆者）と，介護の対象者が表記された。また，2000（平成 12）年施行の介護保険法においては，「要介護状態」を「身体上又は精神上の障害があるために，入浴，排せつ，食事等の日常生活における基本的な動作の全部又は一部について，厚生労働省令で定める期間にわたり継続して（原則 6 か月），常時介護を要すると見込まれる状態であって（略）」（第 7 条）(括弧内筆者) と，こちらは具体的な介護の内容の一部と，その対象者の状態像を表記している。しかし，両法ともに介護を必要とする対象者を具体的に限定してはいない。

　一般的に介護が必要と考えられる人びとは，高齢者（疾患や障害を抱えている高齢者），認知症状を有する者，障害者（身体障害，知的障害，精神障害，発達障害等），障害児（前同），慢性期の重度の傷病者や難病の罹患者などが考えられ，多岐にわたっている。本章においては，介護を必要としている人びとと介護の概要を簡単にまとめることとし，中でも介護の中心的な対象者である高齢者を例に内容を展開していく。

1.2 家庭内における介護機能の変化

　元来，日本における介護の多くは，保育などとともに家庭内（イエ）にて家族の手によってその多くが行われてきた。生命を継続していくために他者の手を必要とする

状況にある高齢者や子どもに対し，世帯をともにする大家族の構成員，中でも女性（ヨメ）を中心にその役割は担われてきた。加えて，近隣の住民が相互に支え合って，地域における生活を営んできた。

　しかし現在，寿命の延伸とともに，少子高齢化や核家族化が進行し，女性の社会進出も拡大すると，世代を超えて家族間で支え合う姿は以前に比べて格段に希薄になっている。また，都市圏や集合住宅などにおいては生活の多様性も相まって，隣人の顔も知らない状況が珍しくなく，地域住民同士の支え合いの姿はまれとなっている。

　これらの理由により，介護を必要としている人の生活の場が自宅に限定されていては成り立たなくなっていった。特に高齢で障害を伴う介護が必要な人は，治療を主な目的とする場である病院に，生活のために入院することも多くあった。そして現在は介護の必要有無にかかわらず，高齢者が長期にわたって生活を送ることが可能な施設が多く存在している。それは介護保険制度をはじめ諸制度によって，より心身の状態に合った施設や，住み慣れた自宅での生活など，多様な生活の場所や各生活スタイルに対応することが求められた結果である。

　しかし，急激な高齢化，高齢夫婦の増加，ひとり暮らしの高齢者の増加などの理由により，人手や施設などが不足しているだけでなく，介護の質においても未成熟な部分があり，喫緊の社会的な課題となっている。そして，これらの諸課題は，"今"の課題でもあるとともに，さらなる高齢者の増加が予想される"これから"の大変重要な課題でもある。

1.3　介護の要因と自立

　1950年代から1970年代中頃にかけての日本人の死因別にみた死亡率の第1位は，圧倒的に脳血管疾患であり，1970年前後には毎年約17万人以上が脳の血管が詰まったり，破裂したりして死亡していた。だが，2020（令和2）年の死亡者数は約10万人（概数）に減少し，悪性新生物（がん），心疾患，老衰に次いで第4位の死亡率となっている（図7-1）。一方，「平成29年患者調査」（厚生労働省）によると，脳血管疾患の総患者数は約111万5,000人と報告されている。これは，医療技術や救命体制等の進展によって，脳血管疾患をはじめ，重篤な疾患を発症しても早期に病院で適切な治療が行われれば命を落とすことは少なくなったことを示している。しかし，命を落とすことは避けられたとしても，脳や身体は一度大きく損傷を受けてしまうと，損傷以前と同じような機能の回復が困難になることが多いため，受けたダメージや後遺症の度合いによっては日常生活に支障をきたすことが多くある。

　例えば，脳の中の運動をつかさどる部分に，血管の詰まり等によって血液や栄養素などが運ばれなくなってしまえば，ダメージの程度によっては運動障害（まひ）が残ってしまうことがある。身体のどの部分にまひが出るのか，また，ダメージの程度がどのくらいかにもよるが，まひの影響は単に運動が阻害されてしまうことに限定されず，広範囲かつ多方面に及ぶことがある。手や足のまひである場合やその複合，また

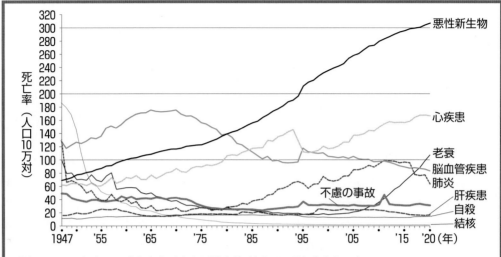

図 7 - 1　主な死因別にみた死亡率の年次推移
出典）厚生労働省：令和 2（2020）年人口動態統計月報年計（概数）の概況

嚥下機能のまひを伴うと食事などに影響を及ぼす。軽微なまひであるならば箸をもつこと程度は可能であるが，動作を全く行えないまひもある。しかし，利き手とは逆の手ですぐに箸を使用しはじめることが可能な人は多くはいない。まずは逆の手でスプーンを使用することになると考えられるが，当初は細やかな動作を行えず，また思い描くようなペースで食べることは難しいために，苦痛を伴う食事の時間となってしまう。それでも多くの人は，食事を行う行為のすべてを他者に委ねたいとは思わないであろう。すなわち，自己の現在有している機能や能力を用いて，現時点での「自立」を考えるからであり，まひが起こる以前の姿と同様の自立ではないにしろ，利き手とは逆の手やスプーンというツール（道具）を用いて，食事に関する自分なりの自立を求めていくからである。人は単に道具等を用いて身体上の機能の補完を求めるだけではなく，自分の思い描く自立の姿を道具等を用いて実現させるのである。

　一方，直接的な死因に結びつかいないが，認知症状を有する高齢者は，厚生労働省認知症対策総合研究事業の報告書（2013 年）によると，2012（平成 24）年時点で 462 万人と推定されていて，増加の一途をたどっている。認知症高齢者の大多数は介護や医療サービスを受けているが，約半数がアルツハイマー型認知症である。認知症状は

中核症状と周辺症状からなり，中核症状は記憶の障害や，今自分がどこにいるのかなどを理解できない見当識障害などを指す。周辺症状は，歩き回る徘徊，幻覚におびえたり，物を盗られたなどという妄想，他者を攻撃したりする行為などを指す。認知症高齢者の自立の姿を考えることは容易ではないと考えがちだが，これらの症状を正しく理解し，人としての尊厳を保ちつつていねいな介護を行うことによって，穏やかな自立生活を営むことが可能となる。

1.4　介護ニーズと変化

　まひの機能回復や，現時点で保有する機能を向上し，自立を求めるためにトレーニングを行うことになるが，年齢やまひの程度などによって回復度合いはさまざまである。そのため，移動を行うためにはつえや車いすなどの専門的な道具が必要となるケースも多い。また，自宅で暮らすために介護保険等の制度を活用しながら玄関にある段差を解消したり，廊下に手すりを設置したりするような生活環境に対する工夫も求められる。

　しかし，道具や生活環境等を工夫し，リハビリテーションを行ったとしても生活が成り立たない部分がどうしても存在してしまうことがある。すなわち「介護」を他者から受けることの必要性がそこに存在するのである。

　例えば，高齢者の神経系の疾病に，アルツハイマー病に次いで患者数の多いパーキンソン病がある。この疾病の特徴的な症状は手足の震えや運動の障害だが，誤嚥の可能性が高く，数年から10年単位で寝たきりとよばれる，みずからの力ではベッドから出ることができない状態にまで進行する難病である。この患者に食事を提供する際には，細かく刻んだ食事や，誤嚥予防にトロミのついた食事を提供する必要がある。また，発症の初期の段階では，手の震えを抱えつつも，もちやすい介護用のスプーン等の自助具（図7-2）を使用してみずから食事を行うことが可能であるが，症状が進行するとみずからの手で食事を口に運ぶことは困難になってきてしまうため，他者による「食事を口に運ぶ介護」が必要となる。そしてさらに症状が重度化すれば，口を介さずに直接胃や腸に食事や栄養剤（図7-3）を投与すること（経管栄養・胃ろうなど）

すくう，はさむ，切り分けることができる

手首を返さずに口に運べる角度に曲げられている

バネ付き先割れスプーン　　曲がりスプーン　　力の入りやすい包丁

図7-2　食事の自助具

なども視野に入れることが必要になる。

　このように「介護」は，本人と家族が望む生活を送るために，その原因となる病気や疾患の直接的な治療やリハビリテーションと同時にはじまり，その形態や度合（量）を変化させながら，それぞれの時期の生活に長期にわたって深くかかわっていくことになり，柔軟性と対応力が求められる。そしてその期間は，その度合いを変化させながら，有する障害や症状が消えるまで，もしくは終末期から死を迎えるときに至るまで継続するのであり，それぞれの心身状態に合わせた介護を行うとともに，専門的な道具や制度，社会資源の活用が重要である。

**図7-3　経腸栄養剤
「エンシュア・リキッド®」**
画像提供：アボットジャパン合同会社

　しかし，どのような介護を受けたいかの希望や，その他の資源等の活用を選択することは，本人がその障害や症状を抱えつつどのような生活を送りたいかということと同義であり，あくまでも介護を受ける本人が決定すべき事がらなのである。

2．介護の役割

2.1　生活介護と身体介護

　先にあげたパーキンソン病の例で説明すると，介護の中身は大きく分けて二つに分かれている。一つは，刻み食やトロミのついた食事を用意するような間接的な生活介護と，もう一方は，用意された食事を口に運ぶような直接的な身体介護である。

　人びとの生活はみずからを取り巻く環境の中に存在し，さまざまな影響を相互に及ぼし合いながら成り立っている。障害や高齢など何らかの理由により自分や家族が食事を用意できなければ，生命を維持するために他者がその行為を代替する必要があるばかりか，上記のように心身の状態に見合った食事形態を用意することも求められるのである。さらに，その食事をつくるための台所の衛生保持や食材の用意や片づけ，快適な食事の空間をつくるための清掃，誤嚥予防のための姿勢保持用クッションの配置（図7-4）に至るまでの環境整備等も，身体に直接触れる介護ではないものの，人の生活や生命を間接的に支援する生活介護として重要な役割を果たすのである。

　一方，直接的な介護においては，生活を送るために必要な行為，日常生活動作（Activity of Daily Living：ADL）を支援することが中心になる。現在有している機能や能

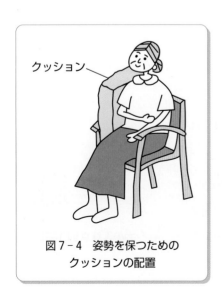

クッション

**図7-4　姿勢を保つための
クッションの配置**

力を最大限活用しながらその動作を手伝っていくことになるのであり，身体に触れて介護を行うことが多くなる。しかし，その動作を手伝うことによって本人が望む生活へと結びつけることが重要であり，単に動作を最大限手伝えばよいものではない。なぜなら，本人の能力を使用せずに介護を行ってしまうと，結果的に本人の能力の喪失を招いてしまうからである。具体的には，転倒によるけがを恐れるあまりにすべての移動の動作に車いすを使用してしまえば，いずれ本人の「立つ」や「歩く」などに必要な筋力までもが不活発になり，その機能は喪失してしまうのである。最終的に一番筋力を使わない姿勢である「寝たきり」に結びつけてしまうことを手伝うことになる。これは，生活介護においても同様であり，すべての環境を他者が整えることは，本人の環境へのかかわりを奪い取ってしまうことになり，主体性は欠け，人としてのあるべき姿とはいえなくなってしまう。

　これらのことから，環境を整える意味合いの多い生活介護と，直接身体に触れることが多い身体介護が相まってこそはじめて生活が形づくられることになるが，そこには本人の機能や能力を活用することが重要であり，介護を行うことは，あくまで補助的に動作や環境づくりを支援することである。しかし，人としてあたりまえと思う生活も，それぞれに異なった形態が存在するため，本人の望む生活の姿を第一に考えて支援しなければならない。

2.2　もう一つの介護－こころの介護

　介護には柔軟性が求められることは先に触れたが，その柔軟性は知識や技術にのみ求められるものではない。体調などにより，介護を受ける人の発揮できる能力には日々変化があることから，それを受けて支援の量を変化させる技術的な対応を行う柔軟性を要する機会は多く存在する。また，体調や障害の状態が安定していても，人は気分がすぐれないときがあることも事実である。しかもその理由はきわめて繊細なものであり，他人に甘えたいときや，依存するような気持ちをもっているとき，何か心のゆれを抱えているとき，天候など，さまざまである。そのようなときに介護者が普段どおりに，有している能力の発揮を促してしまえば，気分を余計に悪くしてしまうばかりか，まるで気分の乗らないような状態では，結果的に転倒やけがにつながることも考えられるために，介護者には時にその甘えなどを受け入れる柔軟性も必要なのである。そのため普段の様子との比較を行うためにも，介護者には常日頃から相手のこころの状態を把握することが求められる。言葉の表面上のかかわりでは，相手はなかなかこころの奥底までは話すことはないであろうから，普段から良好な関係性を築くことが重要であり，お互いの信頼関係が構築されることによって，相手の気分に対する柔軟な対応のやりとりが可能になるのである。

　もちろん，気分のすぐれない理由が明確であり，解決が求められるならば，その対応や処理を迅速に行うことが必要であるが，介護者の範疇を超えるような理由や言動，病状であれば，ひとりの力で解決を図ろうとせずにほかの専門職に協力を依頼するな

どの対応も必要である。そして，たとえすぐに解決できないとしても，介護者はその苦悩に共感し，その痛みを理解することは可能である。人は，よくない気持ちを話すことや，話しを聞いてもらえたことによって一時的にでもこころが休まることがある。介護の手を止め，傍らに座り，耳とこころを真摯に傾けるその姿勢に安心し，信頼感をもてるようになるのである。

　一方，甘えなどをすべて受容していては，将来的には不活発な状態に陥る可能性も出現してしまうので，介護者は時に教示的になることも必要であるが，そのときに信頼関係が構築されていれば，その教示的な意見を受け入れやすくなると考えられる。気分がすぐれないときにそのことを察知し，時に甘えを受け入れ，しかもその対応を適格かつ迅速に行ってくれた介護者に対して，介護を受ける人はこころを開き，信頼を寄せていくのである。

　介護を受ける人は加齢や障害等による心身のダメージや，それに伴う動作の制限を有しているが，他者から介護を受けるときには，そのダメージの度合いに比例する量の介護を受けることになる。しかし，単純にその量を機械的に補足していけばよい問題ではなく，社会性の減少，近親者や友人の喪失など，多くの乗り越えなければならない困難を抱えていることを理解する必要がある。そのため，生活介護や身体介護だけでは補いきれない部分が存在することを理解し，それぞれが抱える困難に寄り添い，時に甘えを受容し，教示的な意見も述べながら，本人の望む自立の姿をともに模索していくことが求められるのである。目にみえるような生活介護や身体介護だけではなく，介護者が寄り添い，こころを合わせるもう一つの介護，こころの介護が重要なのである。これらの介護はどの介護が欠けてもなり立たないものであり，人が人を介護することの意義でもある。

2.3　自立と主体性の尊重

　介護を受ける人びとは，自立の度合の差はあるものの，もともとみずからの力で自立した生活をつくり，それを維持－発展していたが，高齢や障害等の理由により，他者から支援を受けながら自立した生活を再構築することになった存在といえる。そして自立生活の再構築は，自身の望む自立生活に近づけようとするときの自身の置かれている環境や，先に述べた手段的なさまざまな介護やこころの介護の影響を強く受けることになる。介護を受ける人は，自己の存在そのものを包括的に支えられている環境や介護者の存在に安心するからこそ，生きがいや目標が形成され，主体性をもった自立生活の再構築のイメージが形づくられるのである。

　それは，単にいのちを生きることのみではなく，みずからの意思でみずからの思い描く生の姿をつくりあげることであり，その姿に向かう過程や達成することに人は喜び，幸福感を得ていく。このことは，日々の生活に潤いをもたらし，生活の質（Quality of Life：QOL）の向上をもたらすことになる。そのため，介護を受ける人の思い描く自立生活を尊重し，いかに介護をする人が多様な手段を活用して支援していくかが重

要であり，その手段や過程のプランが鍵を握ることになる。しかし，認知症状や知的な障害等によっては，本人の望む生活を表出できないことも考えられることから，本人の望む自立した生活を家族とともに想定し，代替することもある。

3．介護の専門性

3．1　介護の専門性と限定－人と場所

　　近年，家族だけでは補いきれない部分に対し，社会システムとしての介護のさまざまな形態が構築され，提供されている。その社会システムとしての介護の実践においては，介護や生活の支援を専従的に行う人や場という専門性が必然的に求められることになる。

　　介護は，日常生活上に密接した軽微な介護とは別に，時にその行為に専門性を強く求められることがある。例えば寝たきりの人の身体の移動など強大な力を必要とする介護や，入浴などの脳血管疾患の発症や事故の危険性を伴う介護においては，その動作すべてにおいて，介護者自身も含む安全への配慮が求められるのである。そのため，介護の度合が増すのに比例して，専門性も増すことになる。

　　また，繰り返しかつ長期にわたって介護が行われる場合には，その行為に計画性や合理性，科学性が求められることになる。そして，それぞれに有する障害の特性や医療的な行為に密接する介護や職業として行われる介護も同様であり，そのために，それぞれの分野においての資格制度が整備されている。

　　今このときにおいても，制度によって整備された施設や居宅において，多くの高齢

コラム　介護の現場から　主体性とイナゴ

　　筆者の勤務していた地方の施設に，重度の認知症状を有する90歳近いKさんが入所してきた。半年ほど経てもKさんは日中に言葉を発することはほとんどなく，レクリエーション等にも参加せず目を閉じて1日をベンチで過ごすことが多かった。

　　ある秋の午後Kさんが，話し好きで中度の認知症を有するSさんとしきりに外に出たがることがあった。Sさんたちに理由をたずねると，施設の向かいの稲刈りを終えた田んぼに行きたいとのことであった。田んぼの持ち主に許しを得て散策をしようとすると，KさんとSさんは田んぼの中央へ颯爽と向かい，普段みることのない素早い動作で次々とイナゴを採り始めた。丸めた帽子いっぱいになったイナゴに，二人とも大変満足そうであった。割烹料亭を営んでいるSさんの家族が面会に訪れたこともあり，施設長の特別な計らいによって採られたイナゴがSさんの家族によって調理され，翌日に佃煮となって振る舞われることになった。印象的だったのは，そのイナゴの佃煮を食するKさんの笑顔と「昔は毎年よく採ったもの。おいしいなぁ」という言葉であった。私たちは初めてみたKさんの笑顔と多くの言葉，そして積極的な姿勢に驚いた。私たちはKさんが重度の認知症であり活動的でないという認識から，『消極的なKさん』像を強固なまでにつくりあげてしまったことを反省した。

　　長年の経験によって身体に染みついた習慣や経験は，認知症状を有していても決して失われるものではない。そして，慣れ親しんだ食文化も同様である。施設にいるから，認知症状を有しているからと，画一的な介護の手法やサービスを提供して日々を過ごすことを行わせてはならないのである。

者や障害者が，専門的な介護を受けて日々の生活を送っている。施設における生活は，家庭内や生活環境等の事情，身体的に常時の介護を必要とする人など，さまざまな理由のために住み慣れた家や家族と離れて暮らさなければならない人びとの共同生活の場所なのである。

　そして，専門的に介護を受ける対象者として限定された環境における施設の生活は，その共通的な特性ゆえに画一的な介護が提供されがちである。しかし，あくまでも生活の主体者は介護を受ける立場の高齢者や障害者などであり，その生活の場やどのような介護を受けるかをつねに利用する立場の視点から考えていかなければならない。それは長年連れ添った家族ではない他者から介護を受けることや，住み慣れた家から離れることになるからこそ，より保障されなければならない事がらなのである。

3.2　自立と自己決定

　私たちが食事を口に運ぶ際，その量や順番は慣習や習慣などに照らし合わせつつ，みずからの意思でその動作のすべてをコントロールしている。その手段をまだ獲得できていない乳幼児期においては他者による支援が必要であるが，身体機能が発達し自我が形成されてからはその支援を受け入れることは徐々に減少し，成長とともになくなっていく。すなわち，身体的にも精神的にも自立している状態といえる。そのため，例えば脳血管疾患や骨折等によって利き手の動きに障害が出たとしても，すすんで他者から食事を口に運んでもらいたいと思うことはないであろう。なぜなら，前述したように，利き手とは逆の手で，箸は使えなくてもスプーン等を使って，「自分の能力の範囲内」で食事を行いたいと考えるからである。

　しかし，例えば煮物をスプーンで口に運ぶにしても，利き手とは逆の慣れない手で食べ物を一口大に切り分け，適量をスプーンにすくうことも当初は難儀する。そのためにリハビリテーションやトレーニングを行っていくのであるが，介護者がその「切り分け」を行うことの困難さを第一に考えれば，容易に切り分けられるほどやわらかく煮込むなどの配慮が優先的に行われることになるであろう。しかし，本人が食事を楽しみにしていて，食品の歯ごたえを楽しむことを望んでいれば，介護者のその配慮は本人にとってはいらぬ配慮となってしまう。

　このように，「手の動作に課題がある」ことのみに着目してしまうと，本人の望むことを除外して，一方的にすべての事がらに対して配慮を行ってしまうことにつながってしまい，結果的に，本人の望む食の楽しみを奪ってしまうことがある。この例においてはスプーンを介護用のものに変更したり，煮物を盛りつける皿を，上部に縁のある専用の皿に変更したり（図7-5），場合によっては本人が希望する大きさにして

縁があるため
すくいやすい

図7-5　すくいやすい皿

から介護職員が手渡したりするなどの支援が適当と考えられる。

　介護では，一方的に介護者がその内容や手段を決定するのではなく，本人の意思と自立の希望を確認したうえで，可能な限りその希望を尊重する手段を模索することが求められるのである。そのために現在本人が有している能力と，その能力の将来的な変化を，本人や家族，関連する専門職員の意見や体制を加味しながら，本人の望む生活をつくりあげていくことが重要なのである。さらに，その方向性や具体的な支援の方法については，本人の同意を得てから，実際の介護が開始されるのである。

3.3　尊厳を守る介護

　実際に介護を行うにあたってまず思いつくこととして，車いすの押し方や入浴の介護，ベッド上での身体の動かし方など，介護の「技術」に着目することが多い。同様に，介護が必要な人の障害などが際立って目にとまり，その人の日常生活動作（ADL）や身体能力そのものの向上を目指すような介護の予後を検討してしまう。しかし，介護を他者が提供するとき，専門職，非専門職を問わず，第一に考えなければならないことがある。先にあげた，主体性や自立，自己決定はもちろん大切な事がらであるが，最も主眼に置かなければならないことは，その主体性の奥にある介護を受ける人の「気持ち」を尊重することである。

　介護を受ける人の身体状況や精神状況は，過去の「問題がなかったときの自分」との比較によって今が位置づけられている，もしくは他者である「問題がない人びと」との比較によって自分が位置づけられていると考えられる。人は介護を受けなければならない立場に望んで身を置いているわけではない。しかし，それぞれに受け入れがたい拒否的な気持ちや葛藤などを感じながらも，時間をかけながらそれを受け入れつつ今を生きていかねばならないのである。介護者は，このような介護を受ける人の気持ちを理解して，介護を提供しなければならない。

　例えば，まひのある高齢者が入浴を行う際には，以前のようにはスムーズにいかない着替えにはじまり，濡れた床を歩く移動，一方の手のみで頭や身体を洗う，浮力によって崩される姿勢を保つため，つかまりながらお湯につかるなどの動作を行わなければならないため，たいへん緊張を伴う行為となる。しかし入浴することは，身体の清潔を保つばかりか，筋肉の緊張をやわらげ，精神的な鎮静効果などをもたらす，重要な日々の生活行為の一部でもある。一方，介護者の側からすると事故のリスクの大きな介護であり，施設であれば入浴する人数や時間の制限を考慮しなければならない。ではこのまひのある高齢者の入浴に対して，介護者はどのような「気持ち」を考えなければならないのであろうか。

　介護を受けながらの入浴は，上記の困難な様相に加えて，当事者にとって他人にみずからのデリケートな部分をさらさなければいけない大きな羞恥心が存在する行為でもある。過去との比較を行えば，「このような状態になってしまって…」などと自尊心は傷つき，羞恥心とともに自責にも似た悲嘆した「気持ち」になるであろう。その

ため，介護する側にはこれら自責や悲嘆を受け止め，羞恥心を少しでも与えないような配慮が求められるのである。

着替えるときや洗身時にはつねに陰部にタオルをかける工夫や，同性での介護を行うなど，羞恥心に最大限の配慮を行うことが，本人の自責を招く悲嘆感をやわらげる要因に結びつき，自尊心を守ることにつながるといえる（図7-6）。い

図7-6　入浴時のプライバシー配慮

かに身体を洗う介護の技術や手順がていねいで正しくても，羞恥心に配慮せず，介護者がみずからのペースで作業的な介護を行ってしまえば，利用する人にとって入浴が楽しみになることはない。入浴する人数や入浴時間の制限，忙しさや人手不足などもあくまで介護者側の都合であり，優先される事がらであってはならないのである。羞恥心に最大限の配慮を行い，かつ安全に，本人のペースで入浴が行われてこそ，爽快感が得られ，「サッパリした！」という言葉や笑顔とともに心身ともにリラックスでき，日常生活にもハリが生まれてくるのである。

このように介護を提供する際には，あくまで介護を受ける人の尊厳を守りながら生活行為の一部を支援することを理解し，「不快」を与えないようにすることは当然として，生活の中の「心地よい」がどれだけ提供されるかが優先されるべきなのである。

4.　今後の課題と展望

冒頭にあったよく聞く一般的な介護の話題は，高齢者虐待や認知症の徘徊，老老介護，介護者の人手不足や低賃金など，暗い話ばかりだが，本当に介護の実態は陰鬱なもののみなのであろうか。障害や認知症状を有する者の家族は，本人はもちろんだが，確かに心身ともに日々たいへんな思いをして生活を送っている人が多い。しかし，人は年齢をいくつ重ねても，身体的に衰えていようとも人格的に成長し，発展していく存在である。「障害を抱えてしまったから」と自己や他者が決めつけてしまえば，その後の進展の可能性を摘むことになってしまう。そのため，障害を負った時点から「生きがい」などの目標をどのように設定し，提供，獲得できるかが鍵となるのである。生きる意欲を引き出し，介護者と被介護者がともに歩む姿は決して暗い色だけでなく，笑顔があふれている介護の現場も多い。

メイヤロフ（M. Mayeroff）はその著書『ケアの本質　生きることの意味』において，「一人の人格をケアするとは，最も深い意味で，その人が成長すること，自己実現することを助けることである」[1] と述べ，また「相手の成長をたすけること，そのことによってこそ私は自分自身を実現するのである」[2] とも述べている。あくまでも介護を受ける人の気持ちを考え，そこに介護者自身の能力や想いを重ねたうえで介護を提供しなければ，その介護は自己満足になってしまうのである。

　一方，健康な人においても，必ずしも生きがいや目標を追い求めて生活しているわけではないが，それぞれの「生き方」を有して日々の生活を送っている。そして加齢や障害等によって介護を受ける状態は，それぞれが有する「生き方」に偏りや変化が起こってしまった状態であり，その時点から「生き方」の再構築を模索しなければならないといえる状態である。介護者は真摯にその再構築された「生き方」を尊重し，寄り添いながら，それぞれの人生を支援することが重要なのである。

　地域生活の介護や居宅における生活が見直され，特別養護老人ホームも個室化が進み，より個々の人そのものに着目され支援される体制が整いつつあるが，介護を受ける人と介護を行う者のそれぞれの目標や生き方を支援することが見直される必要があるといえる。

文　　献

●引用文献
 1) ミルトン・メイヤロフ著，田村　真・向野宜之訳：『ケアの本質　生きることの意味　第 18 刷』p.13，ゆみる出版（2010）
 2) ミルトン・メイヤロフ：前掲書，p.70

●参考文献
 ・厚生労働省 HP：「令和 2（2020）年人口動態統計月報年計（概数）の概況」（2021）
 ・厚生労働省 HP：「平成 29（2017）年患者調査の概況」（2019）
 ・厚生労働省 HP：「平成 30（2018）年度介護保険事業状況報告」（2020）
 ・厚生労働省 HP：「令和元（2019）年国民生活基礎調査」（2020）
 ・東京都社会福祉協議会老人福祉部会：「改訂版　お年寄りの病気の知識　よりよき介護のために」（2003）
 ・日本認知症ケア学会編：「認知症ケア基本テキスト BPSD の理解と対応」（2013）
 ・厚生労働省科学研究費補助金認知症対策総合研究事業：「都市部における認知症有病率と認知症の生活機能障害への対応　平成 23 年度～平成 24 年度　総合研究報告書」研究代表者：朝田　隆（2013. 3）http://www.tsukuba-phychiatry.com/?page-id=806（2014 年 10 月 10 日アクセス）

●イラスト協力：アビリティーズ・ケアネット株式会社

第 8 章

医療ソーシャルワーク

1. 医療ソーシャルワークとは

1.1 ソーシャルワークとは

　医療ソーシャルワークは保健医療分野のソーシャルワークであり，その業務を担っているのは，医療ソーシャルワーカー（Medical Social Worker：MSW）である。MSW について，医療ソーシャルワーカー業務指針（平成 14 年厚生労働省通知，以下，業務指針と表記）では，「病院等の保健医療の場において，社会福祉の立場から患者の抱える経済的，心理的，社会的問題の解決，調整を援助し，社会復帰の促進を図る」者と規定されている。

　傷病や障害を抱えたとき，患者やその家族の生活は大きな影響を受ける。「突然の入院で医療費を支払うことができない」「療養するにあたり子どもの面倒はどうしたらよいだろうか」「退職を余儀なくされ生活費をまかなうことができない」等の困難が生じる。その疾患が重度の障害を残す場合や難治性である場合には，これまでの生活が突然途絶えたような，さらに途方にくれる体験をする。「祖父母が介護を必要とする状態で退院することとなった」「生まれた子どもに障害があるといわれたのだがどうしたらよいのかわからない」等である。

　傷病や障害が患者・家族にもたらす生活上の困難に対して，心理社会的な側面から支援を行い，適切に医療を受けられる環境を整えたり，患者・家族が傷病や障害とともに生活していかれるよう，社会福祉制度等を活用し，生活を構築・再構築するのを支援したりするのが医療ソーシャルワークである。一般的に社会福祉士・精神保健福祉士が担っている。

　社会福祉士・精神保健福祉士とは，それぞれの法に規定された国家資格である。具体的内容は表 8-1 に示したとおりであるが，生活上の問題に関する相談を受けて，より良好な生活の実現を目指し，他職種・関係機関と連携しながら，また地域や自治体等への働きかけを行い，患者・家族の抱える問題に関して支援する専門職である。

　このような MSW の実践の基盤に据える価値として，「医療ソーシャルワーカー倫理綱領」において，人間の尊厳を尊重すること，人権の抑圧・侵害・略奪を容認しないこと，自由・平等・共生に基づく社会正義の実現を目指すことと示されている。

表8-1　社会福祉士および精神保健福祉士の定義

資　格	定　義	根拠法
社会福祉士	専門的知識及び技術をもって，身体上もしくは精神上の障害があること，または，環境上の理由により日常生活を営むのに支障がある者の福祉に関する相談に応じ，助言，指導，福祉サービスを提供する者または医師その他の保健医療サービスを提供する者その他の関係者との連絡および調整，その他の援助を行うことを業とする者	社会福祉士及び介護福祉士法第2条第1項
精神保健福祉士	精神障害者の保健及び福祉に関する専門的知識及び技術をもって，精神科病院その他の医療施設において精神障害の医療を受け，または，精神障害者の社会復帰の促進を図ることを目的とする施設を利用している者の地域相談支援の利用に関する相談，その他の社会復帰に関する相談に応じ，助言，指導，日常生活への適応のために必要な訓練，その他の援助を行うことを業とする者	精神保健福祉士法第2条

1.2　MSWの配置

　MSWは，病院・診療所，介護老人保健施設，精神障害者社会復帰施設，保健所，精神保健福祉センター等に配属されている。病院・診療所において，MSWの配置は，医師や看護師のように義務づけられているものではない。介護老人保健施設においては，支援相談員として配置されている。

表8-2　MSWの病院・診療所への配置状況（常勤換算）（人）

資　格	病院	診療所	合計
社会福祉士	12,966.6	1,323.8	14,290.4
精神保健福祉士	9,822.4	1,708.3	11,530.7
医療社会事業従事者	4,774.5	1,137.8	5,912.3
合　計	27,563.5	4,169.9	31,733.4

出典）厚生労働省：平成29年医療施設（静態）調査・病院報告概況

　病院・診療所におけるMSWの配置は，2017（平成29）年10月1日現在3万1,733.4人である（表8-2）。2005（平成17）年の配置は，2万946.1人であったため，12年間で1.5倍に増加したことになる。近年急激にその数が増大している職種であるといえる。

　MSWの病院への配属の状況は，病院の規模や性格によって異なる。2005（平成17）年にMSWの職能団体である社団法人日本医療社会事業協会（現・公益社団法人日本医療ソーシャルワーカー協会）が国内全病院を対象に実施した調査（回収率48.2％）によれば，100床以上の病院では約8割，300床以上の病院では9割以上の病院に配置されていた。現在ではさらに進んでいるとみられる。

　リハビリテーション専門病院や精神科病院のように，障害を抱えながら退院して地域で生活を営むこととなる患者が高い割合を占める病院においては，特に配属が進められている。

2. 傷病・障害と生活：MSW が対象とする問題・課題

2.1　傷病・障害と生活課題：なぜソーシャルワーカーが医療機関に配置されるのか

　MSW は，生活上の課題，心理社会的問題に応じる専門職である。医療機関は傷病・障害の治療・改善を主たる目的とする機関であるが，生活と傷病・障害との関連は密接である。例えば，慢性腎不全で血液透析が必要となった場合，透析施設への通院のために時間的な制約が生じたり，食事制限のある調理が困難であったりする。そのため，これまでの生活様式や仕事の仕方を変更しなくてはならなくなり，戸惑いやストレスをもたらす結果となる。

　一方，生活上の困難が傷病や障害の引き金となったり，悪化をもたらす場合もある。劣悪な就業環境が傷病・障害の原因となったり，不適切な食事状況等が疾病の原因となる。また，疾病により食事制限が必要であるにもかかわらず，仕事の関係や生活状況から困難である場合もある。このような場合，いかに的確に治療を行ったとしても，日常の生活においてそれを実行できる環境がなければ，病状の悪化につながる。

　このように，傷病や障害といった健康状態は，その人の生活状況と影響を及ぼし合う関係にあるといえる（図8-1）。

　マサチューセッツ総合病院のキャボット（R. C. Cabot）は，アメリカにおいて初めて病院にソーシャルワーカーを導入した医師である。彼は，「投薬をするということは，重すぎる荷物を乗せて，坂道を足を引きずりつつ登っていく疲れきった馬に，薬を与えるのと同じく不合理であった」とたとえ，「その重荷に耐えられるように支援する手段」[1] の必要性を認識した。このことにより，1905 年には同病院に MSW が配置されるようになった。

2.2　MSW が取り扱うさまざまな問題とその支援

　傷病・障害をもったとき，患者・家族が抱える具体的な問題には以下のものがあげられる。

　・障害が残ることがわかり，これからの生活に希望がもてない。

　・疾病や障害を抱えたまま復職・復学することになったが，どうしたらよいかわか

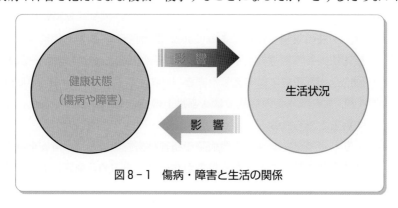

図8-1　傷病・障害と生活の関係

らない。

・疾病や障害のために働けず，収入が途絶えた。

・生まれた子どもに障害があり，育児に戸惑いがある。

・がんのターミナルの時期であることがわかり，当惑している。

・生活環境が悪いため，疾病・障害が再発することが予想される。

・児童虐待・高齢者虐待の疑いがある。

　このような MSW が取り扱う心理社会的問題とその支援を，業務指針では 6 項目に整理している。ここでは，発症・入院から退院への流れにそって，生活上の課題，心理社会的問題と対応方法について概観する。

（1）経済的問題の解決，調整援助

　傷病が発現すると，予測していなかった経済的負担を受けることになる。医療費，仕事ができなくなることによって途絶える生活費等である。MSW はこのような経済上の問題に対して，医療費については，医療保険等の社会保険制度，医療費の公費負担制度等を活用し，負担軽減を図る。また，医療費のみではなく生活そのものが立ち行かない場合は，障害年金，手当等を活用したり，場合によっては生活保護の申請を援助する。特に，経済的な理由により，医療を受けることができない事態がないよう支援を行うことは MSW の使命であるといえる。

（2）受診・受療援助

　医療の仕組みが複雑になり受診方法がわからない，症状には気がついているのだが病名の告知を受けることに恐れを感じて病院に足が向かない等，さまざまな理由で，受診・受療が必要であるにもかかわらず医療につながらない場合がある。MSW はこのような場合，なぜ受診・受療をちゅうちょするのかその理由や背景を理解したうえで，明らかになった問題を解消して適切に受診できるよう支援を進める。受診・受療援助は，治療と深くかかわる援助であるので，医師の医学的診断に基づき支援を行う。

（3）療養中の心理社会的問題の解決，調整援助

　傷病や障害があることによって多様な心理社会的問題が生じる。例えば，これまで果たしてきた社会における役割が果たせない，家族における父親・母親としての役割を果たせなくなること等である。このような場合，MSW は，問題の解消に役立つ福祉制度等の社会資源を活用することによって，患者・家族が問題や課題に取り組んでいかれるよう支援を行う。

　また，傷病や障害がもたらした生活上の変化が家族内にひずみを生んだり，療養生活においての患者同士や病院職員との関係に問題を抱えたりする場合もある。このような場合，MSW は，患者・家族とともに問題の心理社会的背景を理解したうえで，解決を図る。

　さらに，がん・難病等の傷病や障害の場合，今後の傷病や障害とともに送る生活に対して，漠然とした不安を抱え，受け止めきれない場合がある。このような場合，MSWは，傷病や障害とともに生活を送る方策，活用できる社会資源の紹介を行うなど，患者・家族が将来を見通せることで，不安感を軽減できるような支援を行う。また，同じ疾患のある患者等の当事者が集まることで，相互にわかり合い，情報交換が行えることによって安心感がもたらされる場合もある。このようなことから，グループワークを行ったり，患者会の支援を行ったりする。

（4）退院援助

　退院は，患者・家族にとっては療養や生活の場が変わることを意味し，生活環境の大きな変化に伴う心理社会的な課題が生じる局面である。特に，1990年代以降の医療施策による病院の機能分化の進展によって，退院のみではなく，転院の必要性が高まった。例えば，救急搬送により急性期病院に入院した場合，急性期を脱しリハビリテーションが主たる課題になると回復期リハビリテーション病棟へ転院し，さらに，その時期を終えると，自宅へ退院する。自宅での生活が困難な場合は，介護老人保健施設，あるいは福祉施設への転院・転所が必要となる。

　MSWは，療養の場の移行が患者・家族の生活に与える影響を考慮し，患者・家族が的確に退院後の生活や転院先を決め，新たな環境で主体的に生活を営むことができるよう，支援を行う。そのために，身体状況が生活に与える影響や長期的な生活の見通しを理解したうえで，医療機関・福祉機関やサービスを紹介し，関係機関や関係スタッフとの調整を行う。また，地域に保健医療福祉ネットワークが形成されていると，必要な場合に地域の関係機関やスタッフとスムーズに連携して，チームを組むことができる。このようなことから，地域のネットワークづくりに積極的に取り組む。

（5）社会復帰援助

　患者が傷病や障害を抱えながら，復職・復学する際には諸課題が生じる。患者の職場や学校は，受け入れに際しての準備，受け入れ後の支援体制を検討する必要があるが，準備に必要な傷病や障害に関する専門的知識をもたない。このことが患者の受け入れをちゅうちょする理由となる場合もある。

　このような場合，MSWは，職場や学校が受け入れ準備ができるよう，病院スタッフと職場や学校との打ち合わせのための調整や，心理社会的な側面から情報提供を行い，患者がスムーズに復職・復学できるよう支援を行う。また，新たに職を得ることが必要な場合には，患者自身が進路を決め就労につなげることができるよう，ハローワークや障害がある人のための職業相談・支援機関と協働して支援を行う。

（6）地域活動

　MSWは，患者・家族に対して個別に支援するのみではなく，傷病・障害を抱えな

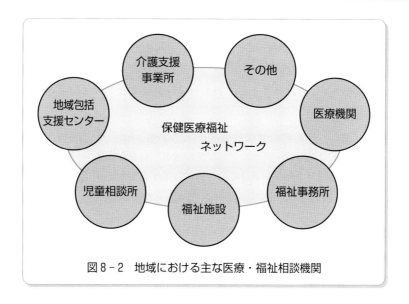

図 8 - 2　地域における主な医療・福祉相談機関

　がら生活しやすい地域を構築することを目的に，地域の関係機関や住民等と協働したり，働きかけを行ったりしている。地域には，図8-2のように，さまざまな保健・福祉関連の機関があるが，それら機関間の連携がスムーズに進むよう，地域におけるネットワーク形成，顔のみえる関係づくりを推進する。例えば，在宅療養支援ネットワーク，地域ケア会議への参画や，自治体における福祉等計画策定への参画があげられる。また，地域の諸機関や市民とも協働する。例えば，関係機関とともに新たな福祉サービスを創設したり，患者・家族による患者会の立ち上げや，ボランティア・グループ創設を支援したりする。

　誕生や死，障害をはじめとして，生活に大きな影響を与えるでき事のうち，病院で起きるものは少なくない。このようなでき事が患者・家族の生活に危機的な状況をもたらした場合，そのでき事が生じた場で MSW がかかわり，支援を行うことは，患者・家族の不安感を軽減するのに有効である。そして，その後の支援を担う福祉機関にいいタイミングで橋渡しすることは，患者・家族の心理面での安定につながる。病院のMSW は，その後継続的に支援を行うソーシャルワーカーの最初のひとりとして，患者・家族の傷病・障害と関連する心理社会的問題に取り組んでいるといえる。

2.3　MSW による支援事例

　MSW の支援について，具体的に事例から考える。

　事例は，脳血管障害と糖尿病腎症によって，身体障害があるとともに腹膜透析が必要となった70歳代女性である。M さんは，身体障害と腹膜透析によって心理社会的な課題が生じ，それが身体状況に影響を与え入退院を繰り返している。

　MSW は，M さんと家族の問題をめぐる状況を多角的に理解し対応を検討するためにカンファレンスを提案した。そして，M さん夫婦と娘，そして M さんの生活にか

かわっているメンバーが集まれるよう調整を行った。また，カンファレンスでは M さんと家族が今の状態をどのように思っているのかを聞き，参加している専門職スタッフが知識を動員して，解決の方策を探った。このような取り組みの結果，患者・家族は今後も生活を「やっていかれそう」と考えられるようになった。

【事例】透析者の体調改善のための協働：M さん（70 歳代，女性）

・病歴；糖尿病，糖尿病腎症，腹膜透析，脳血管障害
・家族構成；夫と二人暮らし，ひとり娘が実家から車で 30 分程度の距離に在住
・日常生活動作（ADL）；脳血管障害によるまひのため，排泄，保清，移動，移乗に介助が必要
・コミュニケーション；問題なし
・身体障害者手帳 1 級／介護保険；要介護 5
・経済状況；年金生活
・経過

　糖尿病により透析導入が必要となった M さんは，もともと脳血管障害による歩行困難があるため頻繁な通院が負担となること，厳しい食事制限に抵抗があることから，血液透析ではなく腹膜透析を選択した。自宅療養に際して必要な腹膜透析の操作は夫と娘が覚え，自宅で生活していた。調理はヘルパーが行い，保清は訪問看護師が清拭を行っていた。

　透析導入から 1 年後，ADL の低下によって移乗には 2 人の介助が必要となる等，以前より介助量が多くなってきた。それに伴い，M さんからは思うように動けないことに対するいらだちや嘆きがたびたび聞かれるようになった。また，もともと夫婦ともに味つけが濃い食事を好む傾向にあったため，「リハビリと食べることぐらいしか楽しみがないのに，制限ばかりいわれて。あんな食事は食べる気がしない」と透析食へのストレスが大きくなっていった。そうして，食事制限が守れず，体内に水分がたまりがちになり，除水コントロールのための入退院を繰り返すようになった。

　ある入院時，介護支援専門員（ケアマネジャー）より MSW に，「M さんは，思うような食事を用意してくれないヘルパーへの不満が大きく，ヘルパーの担当や事業所を何度も変えている。今回の退院に際してもヘルパーの交代を希望しているが，次に受けてくれるヘルパーもいなくなってきている状態である」と相談があった。

　MSW は，M さん夫婦の思いや今後の対応について，関係者が共有することが有効であると判断し，退院前カンファレンス（CF）を開くことを提案した。調整の結果，CF には，M さん夫婦，娘，病院より主治医，病棟看護師，管理栄養士，理学療法士，MSW，地域より，介護支援専門員，訪問看護ステーション，ヘルパー事業所，訪問リハビリ，福祉機器スタッフが参加した。CF では，娘は「なんとかしたいと思っているが，食事については，母は何を言っても好きなようにする」と困っている思いを話した。M さんは，「主治医のいう食事制限が必要なことはわかっている。しかし，ヘルパーの献立や味つけでは食べる気がしない」と話し，さらに，「病院食はまだ食べやすかった」ともらした。これに対し管理栄養士から，透析患者向けの基本的な食事制限の内容や味つけにおける留意点を説明し，ヘルパーに M さんの普段の食生活に応じた献立や味つけの工夫を伝え，参考として病院食の 1 週間分のメニューを用意することになった。この CF の結果，M さんは「もう少し，やってみます」と話し，ヘルパーを交代せずに自宅に退院することとなった。

3．ソーシャルワーク実践における観点

3.1　心理社会的問題

　MSW は，患者・家族が抱える心理社会的問題に応じる専門職である。例えば，突然自分の身に起きた「障害が残る」という状況をにわかに受け止めることは多くの場合困難である。このような場合，患者・家族は，自身の生活に役立つ社会資源や継続的に支援する存在を知ることによって，今後の生活の見通しが立つと，傷病や障害を受け止めやすくなる。

　MSW が対象とする問題を心理社会的問題とするのは，このように，その人の生活・その人をとりまく環境（社会）と心理とは相互に深くかかわり合い影響し合っており，そのような問題が，MSW の支援の対象であることを示している。

3.2　生活モデル

　患者のもつ問題を心理社会的問題ととらえると，問題の所在はその人と人をとりまく環境が接触する面に不適合が生じているためであるとみなすこととなる。ソーシャルワーク支援の目的をこの不適合を解消することとし，環境と人間の接触面に介入する。このような支援モデルを，生活モデルという。生活モデルにおいては，支援は両者の関係性に生じている不適合状態に変化をもたらすことと考える。このモデルは，問題状況をその人の中にあるとみなし，その人・その部分を治療・改善することを目的とみなす医学モデルと対比して説明される。

　前節の事例において，制限された食事を受け入れられない患者に問題があると認識するのではなく，患者が食事に求めるものを環境が提供できないところに不適合を認め，その解消の方策を検討した。この支援のプロセスは生活モデルに基づいているものであるといえる。

3.3　ソーシャルワーク実践における観点

　MSW は心理社会的問題，生活上の課題に対して支援を行うが，その際，① エンパワメントとストレングス視点，② 患者・家族の自己決定の尊重，③ 環境調整としての社会資源の活用と協働関係の構築，④ アドボケイト（advocate：権利擁護）機能の発揮の観点を重視する。

（1）エンパワメントとストレングス視点

　エンパワメント（empowerment）とは，人は皆，本来その人の中に力をもっているのだが，社会的な差別や偏見があった場合，社会から否定的な評価を受け続けることで自分を無力（powerlessness：パワレスネス）であると感じるようになるものであるとの考えから発展したものである。支援においては利用者のもつ強みを評価することによって，利用者が自己効力感をもち，本来もっている力を発揮できるようにするとい

う考え方である。

　MSW は，支援においては，利用者のもつ課題に応じる能力等，周囲から受けることができるサポート等のストレングス（strength：強み）に焦点をあてて行うストレングス視点を重視する。専門職との関係において患者が陥りがちな上下関係をなくし，MSW とクライエントがパートナーシップに基づいた対等な関係を築くことはストレングス視点から重要である。

（2）患者・家族の自己決定の尊重

　MSW の支援対象は，患者・家族の生活・人生そのものである。その方向を決める際に，患者・家族が主体となることは当然である。ソーシャルワークにおいては，患者・家族が行う意思決定を自己決定として尊重する。パターナリスティック（paternalistic：父権主義）になりがちな医療現場においては，この意思の尊重は特に重要である。

　MSW は，患者・家族が自身の生活について決めることができるよう側面から支援する，という姿勢で取り組む。具体的には，患者・家族が，自身の心理社会的な課題を明確にし，課題をとりまく状況を理解し，解決の方策を検討し実行できるよう，MSW は支援する姿勢を保つ。

（3）環境調整としての社会資源の活用と協働関係の構築

　MSW 支援においては，環境調整は重要であるが，具体的な方法として社会資源の活用と協働関係の構築を行う。

　社会資源とは「患者・家族が抱えている問題・課題を解決するために使用できる要支援者の周囲にあるものすべて」である。医療・福祉制度やサービスのみならず，一般企業が提供する商品や，近隣や親族，知人・友人等も社会資源とみなす。MSW は，患者・家族が的確に制度等を活用し，生活上の問題を解消することができるよう，さまざまな社会資源について多面的に検討する。

　また，患者の支援体制は，患者・家族の生活に大きな影響を与える。MSW は，関係者間の連絡調整やカンファレンスの開催をはじめとしたチームコーディネート等，多職種による支援を的確なものにすることを目的に，関係者・機関間の協働関係を構築する。

（4）アドボカシー

　ソーシャルワークにおけるアドボカシー（advocacy）とは，「ソーシャルワーカーが専門家として，クライエントの権利侵害の状況に対して支援する際に行う活動，用いられる技術」である[2]。HIV/AIDS や精神疾患やがん等，社会に固定観念があって，偏見の対象となりやすい傷病・障害の場合，そのことを理由に，本来行えるべきことが行えなかったり，受けられるべきサービスが受けられなかったりする等の権利侵害

の状況が生じることがある。この権利侵害に対する MSW としての活動は，社会正義，尊厳の尊重という MSW の価値に基づいた不可欠なものであるといえる。

４．保健医療福祉の協働

４.１ 協働とは

　医療をはじめとして多くの専門職がかかわって支援が展開される近年の状況では，保健医療福祉の協働は重要な課題となっている。前節で述べたとおり，協働関係の構築は，患者・家族の生活に大きな影響を与えるため，MSW が重視する取り組みの一つである。世界保健機関（WHO）は，医療における協働実践（collaborative practice）を，「異なった専門的背景を持つ複数の医療従事者が，患者・家族・介護者・地域とともに最良の質のケアを提供することによって包括的なサービスを提供する際に，生じるものである」[3] とする。地域生活においては，保健・医療・福祉の関係機関をはじめとして，親戚や近隣者等，多様な人びとが支援に参加するため，的確に協働関係を構築することは重要課題であるといえる。

４.２ 協働の強みと課題

　協働においては，異なった専門的背景をもつ専門職が参画する。患者のもつ課題を多面的に検討し，的確な支援計画を立てることができる点は，協働の強みである。何らかの解決すべき課題が生じた際に，異なった背景の意見がぶつかり合う中で，新たな取り組みが考案される可能性をもつのである。

　事例において，管理栄養士がチームに加わることによって，新たな専門的知識が提供され，これまでにはなかった対処方法を検討することができたが，これは協働の強みが発揮された結果であるといえる。

　一方で，異なった意見が平行線をたどる場合，協働の強みは発揮できないのみではなく，弱点ともなり得る。意見のぶつかり合う中で協働の強みを最大限発揮するには，意見の相違は協働に不可欠であると受け止め，協働関係を新たな局面へと引き上げる機会とみる観点が必要である。多職種が相互に専門的背景を理解すること，そのうえで，患者・家族の最大限の利益という共通の目標を確認することによって，建設的に解決方法を考案する方向が開ける。このような協働に対する理解を関連専門職が共有することによって，チームが有効に機能するといえる。

５．今後の課題と展望

　MSW の歴史は，1895 年イギリスのロイヤルフリーホスピタル（当時の職名はアルモナー），1905 年アメリカのキャボット医師によるマサチューセッツ総合病院への導入からはじまった。日本においては，1929（昭和 4）年に聖路加病院（現・聖路加国際病院）に導入されたのが初めての MSW であるとされる。

　当時は結核患者の療養や経済問題が最重要課題であったものが，医学の進歩や病院

機能の分化を推進する政策の中で，がんや難病等の慢性疾患をもつ患者の退院支援の比重が高まってきた。時代に応じて実践内容が変化しつつも，医療を必要とする人びとが，よりよい環境で生活していかれるよう，患者・家族に対する個別支援のみではなく，病院内や地域におけるボランティアの導入，患者会の立ち上げ等，多様な取り組みを行っているのが MSW であるといえる。

　近年，可能なかぎり慣れ親しんだ地域での生活を継続することを目標とする地域包括ケアが推進されているが，このような中，MSW は生活支援の専門職として，多様な人びととの的確な協働関係の構築と，必要とされる社会資源の創出によって，切れ目のない包括的なケア体制の構築に貢献することが期待されている。

文　　献

●引用文献

1)　Richard C. Cabot：『社会福祉学双書 5　医療ソーシャルワーク：医師とソーシャルワーカー』岩崎学術出版社，p.19（1969）

2)　小西加保留：『ソーシャルワークにおけるアドボカシー：HIV/AIDS 患者支援と環境アセスメントの視点から』ミネルヴァ書房，p.209（2007）

3)　WHO：Framework for Action on Interprofessional Education and Collaborative Practice，p.13（2010）whqlibdoc.who.int/hq/2010/WHO-HRH-HPN-10.3-eng.pdf?ua=1（2014 年 5 月 15 日アクセス）

●参考文献

・厚生労働省保健局長通知：「医療ソーシャルワーカー業務指針」平成 14 年 11 月 29 日健康発第 1129001 号

・日本医療社会福祉協会：「医療ソーシャルワーカーの倫理綱領」（2020）

・Felix P. Biestek：『ケースワークの原則：援助関係を形成する技法　新訳改訂版』誠信書房（2006）

第 9 章

地域を基盤としたソーシャルワーク

1. 基本的な考え方（理念）

1.1 私たちの生活を取り巻く状況

　現在，ますます多様化・複雑化の一途をたどる人びとの福祉ニーズは，以下のような社会の構造的変動に関係していると考えられる。

　第一に，経済システムの揺らぎである。グローバル経済の潮流の中で，経済的格差の拡大やその仕組みから排除または翻弄され，社会的に孤立する人びとの増加傾向がみられる。先鋭化していく資本主義システムの矛盾は，それをリカバーする生活保障，社会福祉の仕組みを求めることとなるが，いわば「根幹にメスを入れない」継ぎはぎ的な制度の創設は，それを利用する本人にとってかえって仕組みが複雑で利用しにくいものとなっていないか，制度全体が実質的縮小へと向かっていないか留意が必要である。

　第二に，人口構造の劇的変化，すなわち超高齢・人口減社会の進展である。例えば，埼玉県における 2010（平成 22）〜2025 年にかけての後期高齢者（75 歳以上）人口の絶対数は 2 倍以上の増加と算出されており[1]，単純に考えると，これは介護ニーズの伸び率を表していると読むことができる。加えて，生産年齢人口の増減が購買力に連動することを考えると[2]，かつての高度経済成長期のような経済成長はもはや望めず，限られた財的・物的・人的資源の中でいかに効果的・効率的な支え合いの仕組みを構築するかという命題への対応は，どの地域も避けて通ることはできないであろう。

　これらの構造に関連し，昨今「制度の狭間」と呼ばれる問題への対応が，国の政策課題ともなっている。日本の社会福祉制度，相談支援の窓口が，分野別・対象者別の仕組みとして，いわゆる「タテ割り」構造となっていることから，複合的な福祉ニーズに対応できない，制度からこぼれおちる人が出てくる，そもそも支援の窓口にまでたどりつけない，というような問題である。

　現代における貧困は，経済的困窮と社会的な孤立があいまった状況ともいわれるが，上述のような大局の構造の中で，今まさに制度の網の目からこぼれていく人，あるいは，生活に余裕がなく「お金のために働く」というループを余儀なくされ，関係性から一層排除される人びとが増加しているとも考えられよう。

1.2　ソーシャルワークと地域社会

（1）ソーシャルワークの独自性・固有性

　ソーシャルワークの視点の特徴は，困難な状況にある個人を，人と環境の相互作用の中でとらえるところにある。また，人を，身体的・精神的・社会的側面という3側面から統合的に理解しようとした場合，特にはその社会的側面に着目し専門的に対応する点が，ソーシャルワークの独自性であるといわれる（図9-1）[3]。

　人はみずからの社会生活の基本的要求（経済的安定，職業的安定，家族的安定，保健・医療の保障，教育の保障，社会参加ないし社会的協同の機会，文化・娯楽の機会）を社会制度との関係の中で満たそうとするが，その関係を結ぶためには，同時に制度の側から

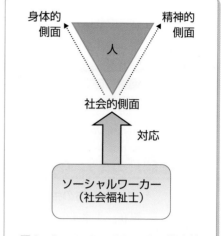

図9-1　ソーシャルワークの独自性
出典）熊坂　聡：社会福祉士実習指導者テキスト　第2版，中央法規出版，p.26（2014）

ある一定の役割をもつように要請を受ける（例えば，医療制度を利用する場合「患者」としての役割が求められるように）。岡村重夫は，こうした社会関係は社会制度の側からすればただ単線の関係性にすぎないが，個人の側からすれば複数の社会関係を同時に満たそうとするため，しばしばそれらの関係が調和的に結びつかない場合に社会生活上の困難が顕在化すると説明し，それを専門分業的な制度の側に立つ客体的側面では

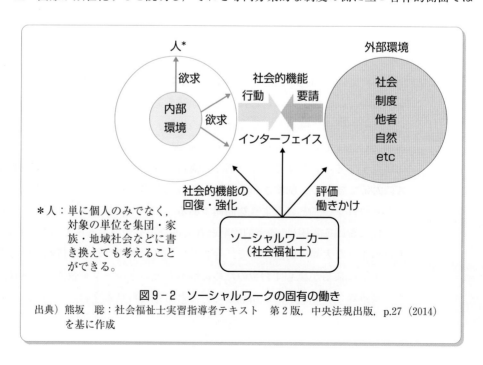

図9-2　ソーシャルワークの固有の働き
出典）熊坂　聡：社会福祉士実習指導者テキスト　第2版，中央法規出版，p.27（2014）を基に作成

なく，社会関係の主体的側面，すなわちその人の生活全体の立場に寄り添い，主体的な問題解決を支援する立場を社会福祉の固有性として論じた[4]。

　これを踏まえ，図9-2をみてみよう。社会とのかかわりの中でみずからの生活を営む能力，すなわち，社会的側面における人の能力発揮を「社会的機能」とよぶと，「ソーシャルワークは人の社会的機能を回復・強化することに焦点を当て」，さらに，「外部環境が人の欲求に十分に応答しているか，つまり外部環境が人の欲求充足に十分に対応する機能を有しているかを評価しつつ外部環境にも焦点を当て」，この二重の焦点を有して，その人の社会的機能と外部環境の境界（インターフェイス）で働くのがソーシャルワーカーであるといわれる[5]。冒頭で述べたような複雑化する現代社会において，人びとの生活に寄り添い，外部環境との調和の促進を支援するソーシャルワーカーの役割は，今後ますます強まっていくことだろう。

（2）ソーシャルワークの反省

　一方，ソーシャルワークが個別の生活問題への対応を重視してきた歴史の中で，それが結果として，人を地域社会から遠ざけてきたのではないか，あるいは，ソーシャルワークそれ自体が地域社会から遠ざかってきたのではないかという反省も昨今なされている。

　本来地域社会とは，異世代・さまざまな背景をもつ人びとがかかわり合う多様性に満ちた場所であるが，日本では対象者別の社会福祉制度，とりわけ施設中心の施策が長らく続いてきたという事情からも，ともすれば特殊的・閉鎖的な「社会福祉の世界」に人びとを閉じ込める傾向がみられた。もっとも，人びとの生活基盤であるべき地域社会それ自体が，高度経済成長期以降急速に解体されてきたのであるから，それは社会福祉（ないしソーシャルワーク）の反省というよりも，むしろ社会全体の反省ともいえる。

　ところが，1980年代以降，一連の社会福祉制度改革が行われていく中で，政府において強調されてきたのが地域社会の役割である*。これについては，社会的に解体されてきた家族や地域社会の機能に対する過度な期待であり，当時の社会福祉関係者から批判がなされたが，裏を返せば，これまで制度や施設，あるいは専門職の関係の中で人や問題を抱え込んできた社会福祉，ひいてはソーシャルワーク実践のもろさを映す状況であったともいえる。

　　*　**地域社会の役割**　例えば，1981（昭和56）年の臨時行政調査会「行政改革に関する第一次答申」では，「来るべき高齢化社会，成熟社会は一面で停滞をもたらしやすいが，その中で活力ある福祉社会を実現するためには，自由経済社会の持つ民間の創造的活力を生かし，適正な経済成長を確保することが大前提になろう」とし，それと同時に「家庭・地域・企業等が大きな役割を果してきたわが国社会の特性は，今後とも発展させていくことが望ましい。すなわち，個人の自助・自立の精神に立脚した家庭や近隣，企業や地域社会での連帯を基礎としつつ，効率の良い政府が適正な負担の下に福祉の充実を図ることが望ましい」と述べられている。

三浦文夫：増補改訂　社会福祉政策研究―福祉政策と福祉改革，全国社会福祉協議会，p.142（1995）

　誰もが住み慣れた地域で暮らし続けていくノーマライゼーション理念の実現のためには，ソーシャルワーカー自身も今一度地域へ戻り，場所を耕し，その土壌に立って再び制度・サービスの充実を目指す，そうした視座転換が求められている。

1.3　「地域を基盤としたソーシャルワーク」と「コミュニティソーシャルワーク」

（1）コミュニティソーシャルワーク

　コミュニティソーシャルワークの概念・実践は，イギリスの「バークレイ委員会報告書」（1982年）で初めて提案された。日本では，厚生労働省「これからの地域福祉のあり方に関する研究会」報告書（2008年）の議論の中で取り上げられたことで，再注目されることとなった。

　コミュニティソーシャルワークの定義は論者によりさまざまであるが，後述する大阪府のホームページでは，「コミュニティに焦点をあてた社会福祉活動・業務の進め方で，地域において，支援を必要とする人々の生活圏や人間関係等環境面を重視した援助を行うとともに，地域を基盤とする支援活動を発見して支援を必要とする人に結びつけたり，新たなサービスを開発したり，公的制度との関係を調整したりすることをめざすもの」とされ，コミュニティソーシャルワーカーとは，このコミュニティソーシャルワークを行う者のことを指すと説明されている。

　一般に，日本におけるコミュニティソーシャルワークの実践は，個別の生活問題の解決にまず主眼が置かれるが，それを達成するため，地域のフォーマルな社会資源（医療・保健・福祉・介護等）の活用はもちろん，インフォーマルな社会資源（地域住民等）の活用がとりわけ重視される。つまり，地域におけるあらゆる社会資源・ネットワークを動員しての個別援助であり，そのための資源開発といった意味合いを，まずここでは抽出できる。

（2）地域を基盤としたソーシャルワーク

　これに対し，地域を基盤としたソーシャルワークは，一般的にはコミュニティソーシャルワークと同義で用いられることが多いが，若干の違いも指摘できる。

　岩間伸之と原田正樹は地域を基盤としたソーシャルワークと地域福祉の基盤づくりを相互に関係のあるものとし，それらを一体的にとらえ展開する地域福祉援助という実践概念を提唱している。

　それは，個を地域で支える援助（A）と個を支える地域をつくる援助（B），地域福祉の基盤づくり（C）の三つの機能で構成される（図9-3）。ここで地域を基盤としたソーシャルワークとは，（A）と（B）を射程に入れた実践であり，他方，地域福祉の基盤づくりとは，（B）と（C）を包含する概念として位置づけられている。

　それぞれの円が表す射程に注目すると，地域を基盤としたソーシャルワークは「ジ

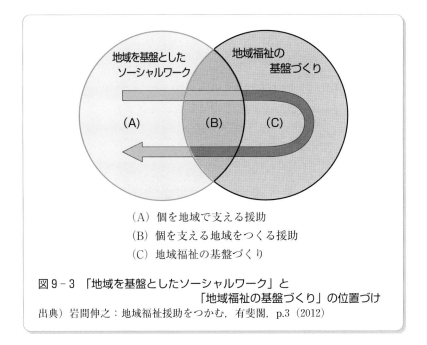

（A）個を地域で支える援助
（B）個を支える地域をつくる援助
（C）地域福祉の基盤づくり

図9-3 「地域を基盤としたソーシャルワーク」と
　　　　　「地域福祉の基盤づくり」の位置づけ
出典）岩間伸之：地域福祉援助をつかむ，有斐閣，p.3（2012）

ェネラリスト・ソーシャルワークを基礎理論とし，地域で展開する総合相談を実践概念とする，個を地域で支える援助と個を支える地域をつくる援助を一体的に推進することを基調とした実践理論の体系」であり，一方，地域福祉の基盤づくりの目的をみると，「共に生き，相互に支え合うことができる地域」をつくることとされている。後者について，例えば地域の過疎問題に取り組む際に，高齢者の介護問題だけでなく地域経済の振興や行政機構や既存団体の再編成といったことにまで改革が及ぶことがあるように，個別援助に限定されない「共生と互酬にもとづく新たな社会システム」の形成を目的としている[6]。

　このように，「地域を基盤としたソーシャルワーク」概念は，個を地域で支える援助（A）を起点として，個を支える地域をつくる援助（B）までを射程とする点が，「コミュニティソーシャルワーク」概念と共通するところであるが，地域福祉の基盤づくり（C）との区別および連動を明確に意識した概念であるところに違いがあると整理できよう。

　本章では上記の違いを認識したうえで，地域福祉の基盤づくり（C）との連動を意識に含められる概念として「地域を基盤としたソーシャルワーク」概念を採用している。しかし，あくまでも個別援助に主眼を置くという点で，「地域を基盤としたソーシャルワーク」も「コミュニティソーシャルワーク」も，基本的には同義として使用していきたい。

　ちなみにここでいう個別援助とは，単に個人への援助のみを目的とするものではなく，それを地域全体で実践することで地域力の向上をも目指す「個を含めた地域」へ

の援助を意味している。また，「課題別対応による実践」から「地域割による実践」への移行と説明されるように[7]，いわば，「点」ではなく「面」で支え合う実践ともいえる。

　このように，個を地域で支える援助（A）と個を支える地域をつくる援助（B），二つのアプローチを一体的に推進する点に特質があることを踏まえておきたい。

（3）ソーシャルワーク統合化論

　近年脚光を浴びている地域を基盤としたソーシャルワーク（コミュニティソーシャルワーク）であるが，社会福祉援助技術論の観点からみれば，これまでの伝統的な援助技術であるケースワークとコミュニティワーク，双方のアプローチに限界がみられたこと，言い換えれば，個人を対象とした個別援助と地域を対象とした地域援助が分断された状況をいかに統合するかという，長らく続いてきた「ソーシャルワーク統合化論」の議論の延長線上にあるものとして理解できる。

　ケースワークに完結し地域社会から遠ざかる援助の弊害は前述のとおりだが，コミュニティワーク*もまた，個別具体的な問題解決に結びつき難い技術として批判されてきた。例えばそれは，地域アセスメント（地域診断）の視点・方法が未確立なため，そこで把握される情報が必ずしも地域社会の実態に即したものではなく，結果として個々の福祉ニーズを取りこぼしてきた。また，多くは自治会等の地縁組織や既存団体間の調整活動にとどまり，本来の目的である地域住民の主体形成，それによる生活問題の共同解決や民主的で互酬的なコミュニティの形成，ましてや知的・身体・精神的な障害等で孤立しがちな人びとの福祉課題に対応するような具体的な仕組みづくりには連動せず，結果として問題の深刻化につながったのではないかというような指摘である。

> ＊　**コミュニティワーク**　　コミュニティワークの援助技術にあたる地域援助技術は，主に地域組織化活動に代表され，「その活動においての，① 地域の診断，② 組織化の方法，③ 社会資源の開発，④ 連絡・調整の方法，等が中心的な援助技術である。歴史的には，イギリスにおいて，発展途上国の援助活動の方法として発展したコミュニティ・ディベロップメントを基盤にして，アメリカのコミュニティ・オーガニゼーションの方法が融合して社会福祉援助技術として発達してきた」
> 中央法規出版編集部編：六訂　社会福祉用語辞典，中央法規出版，p.396（2013）

　以上のような個別援助と地域援助，双方の限界から，アメリカでは，ケースワーク，グループワーク，コミュニティ・オーガニゼーション（コミュニティワーク）等，古典的なソーシャルワークの枠組みを脱し，1970年代以降ソーシャルワークの統合化の動きが進められ，1990年代以降にはジェネラリスト・ソーシャルワークの理論として確立されてくる。日本でもこうした海外の成果を基礎理論として取り入れながら，これまでの伝統的な方法論の成果をも発展的に取り入れた「総合的かつ包括的な相談援助」が求められ，現在の「地域を基盤としたソーシャルワーク」の流れへとつながっている。

　岩間によると，こうした趨勢の中で洗練されてきた，「地域を基盤としたソーシャルワークの理念」は，① クライエントを援助の中核におき，その個々の状況に合わせた援助システムによって援助を展開すること，② クライエントを中心に据えた援助システムに地域住民等のインフォーマルサポートが積極的に参画すること，とされている [8]。

２．現状（法的根拠）

２.１　法的根拠

（１）地域を基盤としたソーシャルワークの推進主体

　地域を基盤としたソーシャルワーク（コミュニティソーシャルワーク）の一翼を担う推進主体として期待されているのが社会福祉協議会である。市町村社会福祉協議会および地区社会福祉協議会は，社会福祉法 109 条において，以下の活動が規定されている。

1　社会福祉を目的とする事業の企画及び実施

2　社会福祉に関する活動への住民の参加のための援助

3　社会福祉を目的とする事業に関する調査，普及，宣伝，連絡，調整及び助成

4　前三号に掲げる事業のほか，社会福祉を目的とする事業の健全な発達を図るために必要な事業

　そもそも，社会福祉協議会は社会福祉法に規定される社会福祉活動にとどまらず，住民主体を基本理念に活動を行う民間組織（社会福祉法人）であり，市区町村を区域とする市区町村社会福祉協議会と，都道府県を区域とする都道府県社会福祉協議会，さらには全国社会福祉協議会等がある。中でも市区町村レベルの社会福祉協議会（通称・社協）は，行政をはじめとした地域内の各種団体や専門機関等との協力のもと，住民の地域活動を直接に支援する組織体である。地域住民との距離が近いゆえ，地域を基盤としたソーシャルワーク（コミュニティソーシャルワーク）の有力な推進主体として期待される。

　しかし，一方で，住民主体の地域活動の組織化，すなわち，コミュニティワークを主に行う組織体である社協が，直接のサービス事業や個別援助にかかわる比重を増すことで，本来の活動領域を狭めるのではないか，そしてそもそも個別援助に限定されない住民主体の地域活動をあからさまに誘導することにつながるのではないかといった議論もある。これについては，地域を基盤としたソーシャルワーク（コミュニティソーシャルワーク）の個別援助にかかわる部分は，個別援助において実績のある機関がこれを積極的に担い*，社協は地域住民とともに後方支援に徹するというような役割分担も考えられるだろう。

　　＊　例えば，地域包括支援センターや小規模多機能型居宅介護事業所は，介護保険制度上，
　　　このような機能をもつ機関として位置づけられていることがわかる。

（2）地域を基盤としたソーシャルワークを推進する財源と人的配置

前述のとおり，日本で地域を基盤としたソーシャルワーク（コミュニティソーシャルワーク）の概念および実践が普及されてきたのは近年のことであるが，それに類する実践に対しての国の財政補助は以前から行われてきた。

例えば，1991（平成3）年度から実施された国庫補助事業ふれあいのまちづくり事業があげられる。同事業の目的は，「市区町村社会福祉協議会が実施主体となって，地域住民の参加と市区町村や福祉施設等の関係機関との連携のもと，地域に即した創意と工夫により具体的な課題に対応すると為に，住民相互の助け合いや交流の輪を広げ，共に支え合う地域社会づくりに寄与すること」とされている。図9-3でみるところの個を地域で支える援助（A）と個を支える地域をつくる援助（B）の一体的推進を目的としたものであるといえる。

近年では，介護保険制度の生活支援体制整備事業において，生活支援コーディネーターを全国の市区町村全域と日常生活圏域に設置する動きが進められている。これは2015（平成27）年施行の改正介護保険法により再編された地域支援事業の包括的支援事業の中に位置づけられている。「介護予防・日常生活支援総合事業」ガイドラインによれば，生活支援コーディネーターの役割を「高齢者の生活支援・介護予防の基盤整備を推進していくことを目的とし，地域において，生活支援・介護予防サービスの提供体制の構築に向けたコーディネート機能を果たす者」としている。

市区町村によっては，これを高齢者介護の基盤整備に限定せず，広く地域づくりを担う人材として活用し，地域を基盤としたソーシャルワーク（コミュニティソーシャルワーク）の推進に資する財源として活用する動きがみられる。また，2018（平成30）年施行の改正社会福祉法により規定された「包括的な支援体制の整備」（第106条の3），さらには，2021（令和3）年施行の改正社会福祉法により規定された「重層的支援体制整備事業」（第106条の4）に関連した国の財政補助を活用して，地域を基盤としたソーシャルワーク（コミュニティソーシャルワーク）を展開する市区町村の動きが活発化している。

一方，都道府県レベルでは，大阪府の取り組みが先駆的である。2004（平成16）年度から5年間にわたる独自補助事業であるコミュニティソーシャルワーク機能配置促進事業において，府内の市町村（指定都市，中核市を除く）の中学校区単位にコミュニティソーシャルワーカーの配置を進めた。同事業は2008（平成20）年度で廃止となったが，大阪府はその後も独自の交付金を創設するなどし，市町村が地域の実情に応じた施策展開ができるよう，支援を継続している。

このように，府として国に先駆ける形でコミュニティソーシャルワークの概念普及とその実質的展開へと結びつける財政支援を行った意味は大きく，豊中市社協等の先駆的実践モデルの形成へとつながっている。

2.2　現場実践の蓄積と一般理論化

（1）地域を基盤としたソーシャルワークの特質と機能

　上記のような現場実践の蓄積を裏付けとし，「地域を基盤としたソーシャルワーク」を一般理論化し，さらなる展開につなげようとする研究もみられる。

　岩間は「地域を基盤としたソーシャルワークの特質」を，① 本人の生活の場で展開する援助，② 援助対象の拡大，③ 予防的かつ積極的アプローチ，④ ネットワークによる連携と協働に整理している[9]。本人の地域生活の継続を理念として ① を行えば，必然的にタテ割りの制度やそこから漏れるニーズへの対応をも含む ② の動きとなり，それを実質的に支えていこうとすれば，③ と ④ の観点が自然と追求されると理解することができる。

　また，岩間は「地域を基盤としたソーシャルワーク」の機能を八つに分類している（表9-1）。そこに，個を地域で支える援助（A）と個を支える地域をつくる援助（B）を一体的に推進しようとする意図を読み取ることができる（図9-3参照）。

表9-1　地域を基盤としたソーシャルワークの八つの機能

機　能	概　要
① 広範なニーズへの対応	社会福祉六法等の従来の枠組みに拘泥しない援助対象の拡大。地域生活上の「生活のしづらさ」という広範なニーズへの対応。先駆的・開発的機能の発揮。
② 本人の解決能力の向上	個人，家族，地域住民等の当事者本人を課題解決やニーズ充足の主体とする取り組み。地域における生活主体者としての視座の尊重。問題解決能力，ワーカビリティ，エンパワメントの重視。
③ 連携と協働	地域における複数の機関の連携と協働による課題解決アプローチの重視。チームアプローチ及びネットワークによる対応。地域におけるケースカンファレンスの重視。
④ 個と地域の一体的支援	個を地域で支える援助と個を支える地域をつくる援助の一体的推進。個への支援と地域力の向上の相乗効果の志向。「一つの事例が地域を変える」という積極的展開。
⑤ 予防的支援	地域住民・組織による早期発見機能と予防的プログラムの重視。状況が安定してからの見守り機能による継続的支援の展開。発見から見守りまでの長期的対応。
⑥ 支援困難事例への対応	深刻化と複雑化の様相を呈する支援困難事例への適切な対応。専門職による高度なアプローチ。連携と協働のためのケースカンファレンスの活用。適切な社会資源の活用。
⑦ 権利擁護活動	権利侵害事例に対する権利擁護の推進。成年後見制度等の権利擁護のための制度の積極的活用。セーフティネットの拡充と地域における新しいニーズの掘り起こし。権利擁護の担い手の養成。
⑧ ソーシャルアクション	個別支援から当事者の声を代弁したソーシャルアクションへの展開。社会資源の開発と制度の見直し。住民の参画と協働による地域福祉計画等の策定。ソーシャルインクルージョンの推進。

出典）岩間伸之：地域を基盤としたソーシャルワークの特質と機能－個と地域の一体的支援の展開に向けて，ソーシャルワーク研究，**37**（1），11（2011）

（2）地域を基盤としたソーシャルワークの実践事例

　東京都イ市ロ団地の取り組みから，「地域を基盤としたソーシャルワーク」の実際について，イメージをしてみたい。

　ロ団地では，居住者の高齢化・単身化を背景とした孤立問題がかねてから顕在化していた。当時の自治会にはまだそれに対応できる余力がなかったが，転機は東日本大震災の発生である。「日常で孤立した状況では，非常時の助け合いなどできない」という人びとの心の動きがあり，既存の自主防災協議会（全世帯が加入。自治会と別組織だが，組織編制は自治会とほぼ同じ）という組織を生かし，まずは防災を切り口に，お互いの居住実態の把握と活動協力者を募ることからはじめた。また，自主防災協議会の階段協力員という仕組み（協力員が自身の階の居住実態を把握し，数年前から日常的な見守り活動を行っている）をベースに，各階ごとの要援護者と支援者を視覚的にとらえることができる「支えあいマップ」も作成した。

　ここから自治会と自主防災協議会の協働による，「顔の見える人間関係の再構築（人のつながりのセーフティネットをつくる）」の取り組みがはじまった。基本的な考え方は，平常時（自治会）の身近で緩やかな関係性が，そのまま非常時（自主防災協議会）の共同活動につながってほしいというもので，「見守りと防災の拠点づくり」をキャッチフレーズに，2012（平成 24）年 4 月からさまざまなイベントを開設した。当初は週 2 日の開催だったが，その半年後にはほぼ毎日の開催となり，1 か月の延べ参加者数も800 人を超えた。一つひとつのイベントがサークルとして定着してくると，住民相互の自然な見守り機能を果たすようになるが，拠点に出てこられない人のため，2012（平成 24）年度は看護師 3 人による見守り訪問（80 歳超の 120 人を対象），2013（平成 25）年度はボランティアチーム 11 人による見守り訪問（ひとり暮らし高齢者 320 人を対象）が行われた。こうした地道な訪問活動を背景として，非常時の緊急連絡先の把握もなされている。

　2014（平成 26）年 9 月からは「ロ（団地名）デイ」がスタートした。内容は「料理教室」や「まちの保健室」などさまざまである。認知症予防も目的の一つに，参加者同士でメニューを考え，買い物へ行き，おしゃべりをしながら一緒につくり，食卓を囲む。「食」を切り口に自然と会話が生まれ，互いの暮らしの知恵が披露される。会の開始時には「今日，あの人来てないね」と，キーパーソンのひとりである a さん（自治会副会長・自主防災協議会会長）が，最近認知症の症状が出はじめた b さんに電話をかける。「そういう配慮があたりまえという空気をつくるには，働きかけの努力が必要。認知症の背景もお互いにわかり合うと，自然に支え合うようになる。団地のさまざまな活動は，そういう関係性を生み出すひとつの手段」と a さんはいう。また，福祉の専門職にとっては，いわゆる支援困難な人・心配な人をつなげられる貴重な社会資源となっている。

（3）事例の解説

　上記の事例を図9-3にあてはめて考えると，「個を支える地域をつくる援助（B）」の範囲にあたるが，これらは地域の住民みずからが自主的に行っている共同活動である。aさんは「一つのイベントを立ち上げれば，そこに核になる人が出てきて，サークル化する。たとえその活動が途切れてもネットワークとして次につながっていく。そうした人が楽しんで活動を持続できるように支える。自分たちですべてはできないからこそ，1度できた人間関係はとことん大切にする」と，コーディネートの秘訣を話す。また，地域活動に「領域」や「対象」はなく，さまざまな人びとの人生の広範囲にかかわる活動のため，あらゆる専門機関との連携が必須となる。「だから抱え込むとパンクする。どこからどこまでを地域で担えるか，『つなぐ』ことは常に意識している」という。

　その点で最近は連携先として，とりわけ地域包括支援センターのバックアップが重要となっているが，逆に，個別援助にかかわる専門職にとっても，地域のなじみの環境・関係の中でこそ，その人自身を生かすかかわり方が可能となる。専門職と住民双方が機能を補い合っているともいえよう。関係者とのつながりづくり，日常的な情報収集の面でも，ロ団地は専門職にとっても重要な拠点となっている。

　他方，イ市では，日常生活圏域（地区）ごとに地域福祉コーディネーターの配置が進められている。紙幅上，詳しい説明は省くが，地域福祉コーディネーターにはイ市社会福祉協議会の職員が任命され，当該団地が含まれるエリアは，2007（平成19）年度に最初の地域福祉コーディネーターが配置された地区である。地域福祉コーディネーターの役割も全国的にみると一様ではないが[10]，当市においては「地域課題に対する，住民福祉活動の推進」とされ，小地域に密着しての地域援助（コミュニティワーク）を主に担っている。aさんに聞くと「それこそ『平常時は見守り，非常時は防災』の考えも，当時の地域福祉コーディネーターのcさんに相談する中で生まれたもの」であり，地域福祉コーディネーターは，地域活動を陰で支えるパートナーのような存在ともいえる。

　このように「個を支える地域をつくる援助（B）」の活動を中心に考えると，いわば，地域包括支援センター等の個別援助にかかわる専門職が（A）側から支えているのに対して，地域福祉コーディネーターは（C）側，あるいは（B）の活動そのものの中に寄り添って支えている。この両方のアプローチがあってこそ「個を支える地域をつくる援助（B）」の活動が自立的に成立していると理解されよう（図9-3参照）。

　以上のように，「地域を基盤としたソーシャルワーク」の推進主体は，必ずしも一つの機関のみではない，複数の主体の連携・協働によって担われるものであり，その土台となるのは地域住民の主体的な力，日常生活における取り組みであることが確認できる。それゆえ，専門職には，直接的な個別援助ばかりではなく，各主体のサポーターないしは重要なつなぎ目となるような地域援助の要としての役割が期待されている。

3．今後の課題と展望

3．1　求められる国・都道府県の積極的支援と問われる市区町村のスタンス

　　以上概観してきた地域を基盤としたソーシャルワーク（コミュニティソーシャルワーク）は，端緒についたばかりの実践であり，一般的な取り組みとは言い難い。また，すでに実践されている地域においても，内容をみれば実施のレベルに開きがあり，必ずしもその本質を理解して取り入れられたものばかりではない[11]。しかしながら，その必要性は疑いの余地がなく，これまで以上に，国や都道府県の積極的な財政支援や研修等による知見・経験の伝達が，実践現場の底上げにつながるものと思われる。

　　一方，いくら外部の支援環境が整っても，それを受け止める市区町村が地域社会の重要性を理解していないのでは取り組みも進まない。地域へ一方的に責任を丸投げすることは論外だが，行政や専門家のサービスだけで，冒頭述べたようなこれからの難局を乗り越えることは困難であろう。むしろ，福祉をこれまで行政や専門家が抱え込

コラム　栄養士が「地域を基盤としたソーシャルワーク」を学ぶ意義

　　ある医療ソーシャルワーカーの経験談として，病院では管理栄養士との連携が非常に重要であるという。豊かな生活にはまさに「食が基本」だが，栄養士の観点からするとその人の日常生活はみえにくいものらしく，求められてソーシャルワークの観点（その人の生活の立場）から情報提供をすると反響が大きかった。例えば，栄養士がいくら栄養指導をしても，そのクライエントはインスタント食品ばかりを食べ続けている。それを改善するには，クライエントとの信頼関係をベースに，これまでの生活歴から現在の生活環境をとらえ，そのような食生活を続ける背景自体をまずは受け止め，「これから」をともに考えていくスタンスでなければ具体的な改善はありえない。病棟からはみえないその人自身の日常生活に栄養士が目を向けることで，さらにその人の暮らしに沿った専門的援助が行えるという話であった。

　　また，当時，アルコール依存症の患者に対しては，いわゆる「底つき体験」後に介入する事後的対応が主だったが，栄養士と協力し，予防的な介入を行ったこともあったという。生活に寄り添った伴走的かかわりを地道にすることで，健康の観点からの専門的援助が届く場合もあったという。これが環境と個人の接点に着目するソーシャルワークの視点であり，その人の生活から出発し，粘り強く横に居続けようとするソーシャルワーカーの立ち位置である。その視座を栄養士や医療専門職がもつことは今日でいうチームアプローチの成否を握るカギとなるだろう。

　　それでは，栄養士が地域を意識する意義とは何だろうか。いうまでもなく，援助の対象となるその人が暮らすのは，ほかならない地域社会であるからである。病院の在院日数の短縮や，「施設から地域へ」の流れの中で，地域生活をサポートする資源が確認されないままに放り出すことがあってはならない。これからの専門職としては，その人の地域生活の全体に着目し，その人をサポートする資源が地域社会に欠けているのならば，他職種と連携してそれをつくり出す開発的役割もより一層求められることだろう。

　　最後に，栄養士自身も地域社会に暮らすひとりの住民である。今後の社会変動を視野に置き，自身の生活のためにも，誰もが暮らし続けられる地域を日々耕し続けることが，部分的専門性を超えたひとりの人間としての課題であることはいうまでもない。

んできたことが，地域社会の豊かな関係性をスポイルしてきた側面もあり，その可能性を引き出す支援を行いながら，地域で担えない部分については行政が責任をもって対応するといった基礎自治体としての市区町村のスタンスと力量が問われている。

3.2　今後の課題と展望

　今，私たちの暮らしは，資本主義システムにおける市場経済の枠内で営まれている部分が多い。言い換えると，富や資源をそのシステム内に集中して分配・交換する仕組みであり，昨今における経済的困窮と社会的な孤立は，この市場経済という仕組みから排除され，それをリカバーする社会保障，社会福祉の生活保障の仕組みもうまく機能しないところから発生しているとみられる。

　地域を基盤としたソーシャルワーク（コミュニティソーシャルワーク）の実践・理論は着実に積み重ねられつつある。しかし，その根幹の課題をあげれば，それは地域福祉の基盤づくり（C）との連動にあるだろう（図9-3参照）。上述のような，いわば排除型社会ともよばれる構造が進展する今日，「『誰が』排除されているかだけでなく『何が』排除しているかに目を向け『何に』包摂しようとしているか」[12] に自覚的でないソーシャルワーク実践は，ともすれば，迫りくる一つひとつの課題に地域住民を巻き込み対応しながら，根幹の構造は放置したままに，やがてそれらに飲み込まれるという結果を招きかねない。

　今後の地域を基盤としたソーシャルワーク（コミュニティソーシャルワーク）の展望として，個人の地域生活の継続を支える個別援助，その個人を含めた支え合いの仕組みづくりを重視しながらも，それだけではなく，排除型社会の克服をも視野に入れた新しい社会・経済・政治・文化システム，生活スタイルを模索し，追求する，地域福祉の基盤づくり（C）とのリンクが望まれる。

文　　献

●引用文献

1) 国立社会保障・人口問題研究所ホームページ http://www.ipss.go.jp/index.asp「日本の地域別将来推計人口（平成 25 年 3 月推計）」（2017 年 10 月 14 日アクセス）
2) 藻谷浩介：『デフレの正体－経済は「人口の波」で動く』角川 one テーマ 21（2010）
3) 米本秀仁・熊坂　聡：「第 1 章　第 3 節　ソーシャルワーク実践と社会福祉士相談援助実習プログラム」公益社団法人日本社会福祉士会編：『社会福祉士実習指導者テキスト　第 2 版』中央法規出版，p.26（2014）
4) 岡村重夫：『社会福祉原論』全国社会福祉協議会（1983）
5) 米本秀仁・熊坂　聡：前掲書，p.27
6) 岩間伸之・原田正樹：『地域福祉援助をつかむ』有斐閣，p.6，28（2012）
7) 岩間伸之：「第 1 部　第 1 章　総合的かつ包括的な相談援助」社会福祉学習双書編集委員会編：『社会福祉学習双書 2014　第 9 巻　社会福祉援助技術論Ⅰ　相談援助の基盤と専門職 / 相談援助の理論と方法』，全国社会福祉協議会，p.12（2014）
8) 岩間伸之：前掲書，p.14
9) 岩間伸之：前掲書，p.15
10) 東京都社会福祉協議会：『区市町村社協における地域福祉コーディネーターの必要性と養成について　地域福祉コーディネーター養成等検討委員会報告書』（2011）
11) 野村総合研究所：『平成 24 年度セーフティネット支援対策等事業費補助金（社会福祉推進事業分）コミュニティソーシャルワーカー（地域福祉コーディネーター）調査研究事業　報告書』2013（平成 25）年 3 月
12) 加納恵子：「排除型社会と過剰包摂－寄り添い型支援事業の地域福祉的意味－」『地域福祉研究』41，p.56（2013）

●参考文献

・社会福祉士養成講座委員会編：『新・社会福祉士養成講座 6　相談援助の基盤と専門職　第 2 版』中央法規出版（2010）
・社会福祉士養成講座委員会編：『新・社会福祉士養成講座 9　地域福祉の理論と方法　第 2 版』中央法規出版（2010 年）
・豊中市社会福祉協議会編，牧里毎治監修：『社協の醍醐味　住民と行政とともに創る福祉のまち』全国コミュニティライフサポートセンター（2010）
・英国バークレイ委員会（小田兼三訳）：『ソーシャルワーカー：役割と任務－英国バークレイ委員会報告』全国社会福祉協議会（1984）
・岩間伸之：「地域を基盤としたソーシャルワークの特質と機能－個と地域の一体的支援の展開に向けて」『ソーシャルワーク研究』37（1）（2011）
・日本地域福祉学会：『新版　地域福祉事典』中央法規出版（2006）
・厚生労働省：「地域における「新たな支え合い」を求めて－住民と行政の協働による新しい福祉－（これからの地域福祉のあり方に関する研究会報告書)」（2008）
・大阪府ホームページ http://www.pref.osaka.lg.jp/chiikifukushi/csw/（2021 年 7 月 29 日アクセス）

第 10 章

母子保健

1. 母子保健施策の対象と目的

　　母子保健施策は，胎児期も含めた乳幼児を中心とする子どもを対象にしており，母親の妊娠，出産，育児をも支援することで，子ども自身が生まれながらに有している発育・発達する力を援助することにつなげようとするものである。母親ばかりでなく父親の父性も包含した「親性」という概念をもとに，乳幼児を取り巻く良好な環境の確保に努めることを目的としている。また，個人に対する援助を通して，親や子ども一人ひとりの健康のみならず，その集団の健康を維持・増進させていくことも母子保健の目的である。

　　かつては，栄養不足に伴う発育不良により免疫力が低下した母子の感染症をいかに防止するかが主眼とされていたが，現在は子どもを取り巻く環境が多様化し，変化しつつあることから，それぞれの環境に合った子育てのあり方はどうあるべきか，医療技術や衛生環境の整備によって，長期生存が可能になった慢性疾患児の生活の質をどう確保するかが問題となっている。近年は児童虐待防止の観点から，母子保健分野の働きかけやサービス実施が重視されている。

　　時代とともに，事業内容は変化しているが，母子保健施策に基づく各種サービスは，子どもと子どもを取り巻く環境に焦点をあてながら，子どものもっている能力を最大限に引き出すこと，発達の法則性に従って，子どもと家庭を援助することを目的として行われている。

2. 母子保健に関する法律

　　母子保健施策は，母子保健法を中心として実施されている施策である。その他，児童福祉法や地域保健法，予防接種法，学校保健安全法等の関連法がその内容を規定している。母子保健法に規定されている内容は，もとは児童福祉法に規定されていたものがベースになっているが，1965（昭和40）年に子どもの健やかな成長を保障する体制の確実な推進を目指して，母子保健法として制定された。母子保健法は，母性ならびに乳幼児の健康の保持・増進を図るため，母子保健に関する原理を明らかにし，健康診査，保健指導，医療その他の措置を講じて国民保健を向上させることを目的としたものである。特に，2017（平成29）年4月から施行されている改正児童福祉法を受けて，母子保健法に児童虐待の発生予防にかかわる母子保健関連の事業が盛り込まれ，

市町村による妊娠期から子育て期までの切れ目のない支援を提供する子育て世代包括支援センターの設置が規定されたことは大きい。

3．母子保健の歩みと水準

　　日本の母子保健の水準は，戦後の栄養生活の改善や施設内分娩の普及により伝統的な自宅分娩の機会が減少し，医療的ケアが速やかに受けられるようになったことから，著しく改善された。また，育児知識の普及等により国民生活における保健衛生環境が大きく向上したことに伴って，保健福祉制度が構築されてきたことも大きい。特に，乳児死亡率は急速な勢いで改善がみられ，1999（平成11）年の時点でスウェーデンと同様にトップレベルに位置し，その後もそのレベルを堅持し続けている（図10-1）。

　　これには，新生児集中治療管理室（Neonatal Intensive Care Unit：NICU），周産期集中治療管理室（Prenatal Intensive Care Unit：PICU）等の整備が進んだことにより，出産時に死亡する確率を大幅に低下させることができたことも大きく貢献している。

　　乳児死亡率に比べ，妊産婦死亡率の改善は若干遅れており，数値的にも第1位のスウェーデンに比べて高めである。しかし，周産期死亡率はスウェーデンよりも低く，妊産婦へのケアは充実していることを示している。

　　戦後は，栄養状態の改善や保健衛生の向上によって，乳幼児や妊産婦の疾病予防，死亡率減少を目指した時代が長かったが，少子化傾向の中ですべての子どもと親の健全育成を目指す時代へと転換した。望まない妊娠・出産を防ぐための意識啓発や思春期のメンタルヘルスを含む性教育，また乳幼児期からの良好な親子関係の構築による虐待予防等の視点から，全体的な水準の向上を目指す時代を迎えている。

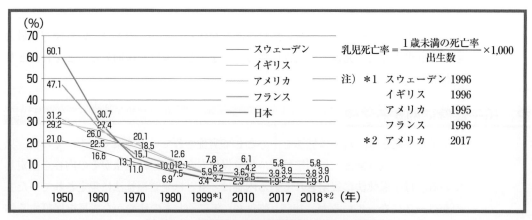

図10-1　乳児死亡率の国際比較（出生1,000対）
出典）公益財団法人児童育成協会：目で見る児童福祉 2021, p.27（2021）

4．母子保健行政の仕組み

　日本の母子保健行政の仕組みを表したものが図 10-2 である。国，都道府県・指定都市，市町村，それぞれが役割を担いながら，相互連携を図り，母子保健施策全体を網羅するように実施されている。国は，厚生労働省子ども家庭局母子保健課が中心となって，「健やか親子 21」を推進している。「健やか親子 21」は，10 年計画で母子保健施策の推進に取り組む国民運動計画として 2001（平成 13）年に策定された。2015 年度からは，「健やか親子 21（第 2 次）」が開始されている。「健やか親子 21（第 2 次）」（2015～2024 年度）では，五つの課題が設定されており，その課題解決に向けて医療機関のみならず，企業や学校，地方公共団体が連携しながら親子の健康増進に努めることが示されている（表 10-1）。

　国の計画に基づき，都道府県・指定都市および地域保健法施行令に定める政令市は，保健所を設置して具体的に事業を実施する。これらの主体は，比較的高度な専門性を

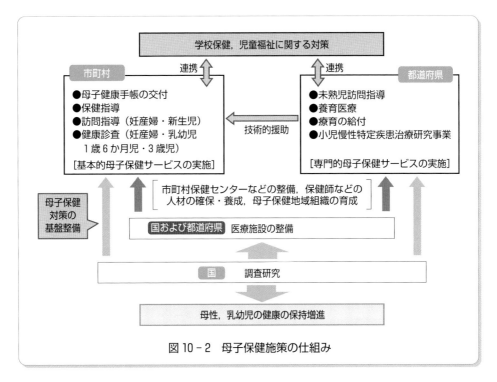

図 10-2　母子保健施策の仕組み

表 10-1　「健やか親子 21（第 2 次）」五つの課題

基盤課題 A：切れ目ない妊産婦・乳幼児への保健対策
基盤課題 B：学童期・思春期から成人期に向けた保健対策
基盤課題 C：子どもの健やかな成長を見守り育む地域づくり
重点課題①：育てにくさを感じる親に寄り添う支援
重点課題②：妊娠期からの児童虐待防止対策

有する事業を担う。市町村においては，乳幼児や妊産婦の健康診査，訪問指導等の住民に近いレベルの事業が実施されている。都道府県は市町村に対して技術的援助を行いながら，総合的な施策の推進を目指す仕組みとなっている。

5．母子保健施策の概要

現在の母子保健施策は，図10-3のとおりである。政策の区分では，健康診査等，保健指導等，療養援護等，医療対策等の四つに分かれており，各区分において，該当する事業が対象年齢ごとに実施されている。

主な事業内容は以下のとおりである。

5．1　健康診査等

妊産婦健診や乳幼児健診などの健康診査の事業が実施されている。妊娠中からの適切な生活習慣の習得や健康管理により，出産を無事に迎えることは，その後の主体的

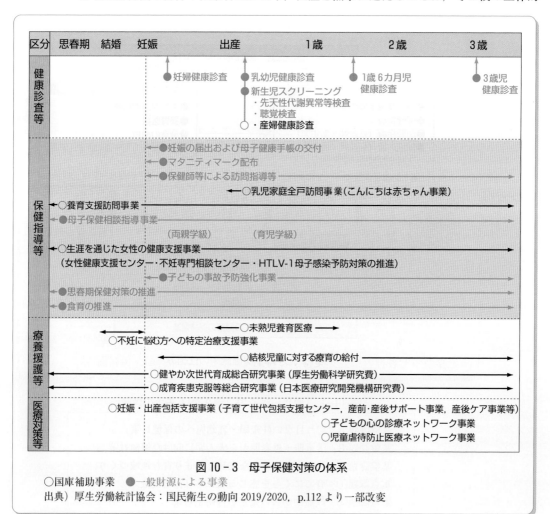

図10-3　母子保健対策の体系

○国庫補助事業　●一般財源による事業
出典）厚生労働統計協会：国民衛生の動向 2019/2020，p.112 より一部改変

な育児にもつながっている。また，出産後の不安な育児を支え，障害の発見のみなら
ず，虐待防止の有効な手立てとして健康診査が十分に機能することが求められている。

（1）妊産婦健康診査

　流産や早産，妊娠高血圧症候群等の妊娠期のトラブルを防ぐためには，リスクの高
い出産が予想される妊婦をできるだけ早期に把握し，健康なお産に向けた健康指導や
保健処置等を的確に行う必要がある。そのため，妊婦は妊娠週数に応じて，医療機関
や市町村保健センター，母子健康センター等において，妊娠中に定期的に健康診査を
受診することが勧められている。

（2）乳児健康診査

　乳児の疾病を予防し，発達の遅れや視聴覚異常等を発見し，指導・助言を行うこと
により，出産後の発育・発達に関する不安を軽減することを目的とするのが乳児健康
診査である。乳児の身体測定，全身観察，問診，診察を通して，親の養育意識を喚起
したり，不安をもつ親の相談にのったり，親同士での交流を促したりする機会を通し
て，子どもの健康生活を維持・向上させることが目的である。

　1か月児健診は，出産した医療機関で受診することが多い。また，3〜4か月児は，
市町村が実施する集団健診を受診することが多い。

（3）1歳6か月児健康診査

　1歳6か月（〜2歳未満）の時期を対象に実施する健康診査である。1歳6か月の時
点は，身体発達，運動発達，言語等の精神発達において最初のチェック時期であるた
め，障害や発達の遅れを早めにみきわめることが可能であることから，行われている。
障害や発達の遅れが疑わしい場合には，早期に保健指導や離乳指導等必要な措置を講
じることができることから，90％以上の受診率を示す重要な健康診査である。この健
診の実施主体は市町村である。

（4）3歳児健康診査

　3歳（〜4歳未満）の幼児を対象とした健康診査である。3歳の時期は，成長・発達
の過程の中で各種の機能を獲得する時期であり，特に精神面，情緒面等のこころの発
達についての問題等を見出しやすい時期であるため，身体面のみならず言語発達や運
動機能，視聴覚機能，習癖，社会性といった情緒面にかかわる項目での健診が行われ
ている。また，歯科検診も含まれている。この健診も1歳6か月児健診と同様に市町
村が実施主体であり，全国平均受診率が90％を超える一般的な法定健診である。

（5）先天性代謝異常等検査（新生児マススクリーニング）

　先天性代謝異常，先天性甲状腺機能低下症（クレチン症）を発見し，治療開始する

ために，新生児期の血液を集団検査（マススクリーニング）によって行うのが先天性代謝異常等検査である。異常を早期に発見し，適切な治療を行うことによって，障害の発症を防止するために実施されている。早期に治療を開始すれば知的障害等を予防できる等により，生後4〜7日の新生児のかかとから採取した血液によって検査を行っている。受検率はほぼ100％となっている。

（6）就学時健康診断

　小学校に入学する前年の11月までに市町村教育委員会が実施する健康診断である。学校保健安全法に基づいて実施されるが，子どもの心身障害や疾病を発見し，就学指導を行うことが目的とされている。診断により，特別支援学級への就学等が決められても，最終的には親の意向を尊重して決定することが求められている。

5.2　保健指導等

（1）妊娠の届出，母子健康手帳の交付

　妊娠が確定したら，市町村窓口に届け出を行うと母子健康手帳が交付される。母子健康手帳は，妊娠中から，出産，小学校就学までの間の子どもの健康管理，予防接種の記録等を記載するもので，母子保健法に規定されている市町村実施の業務である。また，妊娠中の妊産婦健診の結果や，出産の状況についても記録されており，妊婦の健康維持管理にも役立つとともに，乳児健診などの所見等も書き込まれ，子どもの成長・発達を確認することができる。

（2）予防接種

　予防接種は，感染症予防のためにワクチンを接種することによって，抗体を体内に組成し，その感染症に対して免疫をつけることを目的として実施されている。特に感染力の強い麻疹やポリオ等に，抵抗力の弱い乳幼児が罹患すると，重篤な症状に陥る場合があり，時に障害やまひなどが後遺症で残ったり，死亡してしまうケースもあることから，予防的観点からの措置として予防接種が実施されている。法定接種の疾患と任意接種のものがあるが，基本的には個別接種の推進と予診を十分に行うことが義務づけられている。法定接種の対象疾患は，麻疹，風疹，ポリオ，日本脳炎，百日咳，破傷風，ジフテリア，ヒブ，肺炎球菌，ヒトパピローマウイルス，水痘，B型肝炎，ロタウイルスと結核である。任意接種にはインフルエンザやおたふくかぜなどがある。

（3）保健指導

　子育てを肯定的に受け取り，前向きに子育てができるように子育て中の親に対する支援である。親子で遊びながら気軽に相談したり，ほかの親子と仲良くなる等の機会をサポートすることを通して，間接的に良好な親子関係の構築を支援し，良好な子育て環境を確保し，子どもたちの健康を支援する活動である。保育所・幼保連携型認定

こども園や児童館等の児童福祉施設においては，親子ひろばや育児相談，育児講座等の地域子育て支援事業を実施しており，その中でも保健指導を行っている。

5.3　訪問指導
（1）妊産婦訪問指導

　保健師や助産師が妊産婦のいる家庭を訪問し，必要な指導を行う事業であり，これは母子保健法に基づいて市町村が実施している。対象は，高齢での初回妊婦や妊娠中に異常があった妊婦，また妊娠・分娩に影響があると考えられる疾患を有する妊婦，障害のある者等，妊娠・分娩に対して保健・医療的な配慮を有する者等である。その他，未婚や望まない妊娠，社会経済面に深刻な問題をもつ者も対象になっている。

（2）新生児訪問指導

　抵抗力が弱く，感染症等の疾病にかかりやすい新生児期に，適切な保健指導を行うことにより，疾病の発症や，不注意による事故に由来する死亡や傷害が発生しないようにするために，家庭に訪問して指導する事業が新生児訪問指導である。特に新生児期の親子のかかわりは，その後の愛着形成や親子関係の樹立にも大きくかかわることであり，不安を抱きながらの育児は，ネグレクトや虐待といった深刻な事態に発展する懸念もあるため，できるだけ早い時期に不安を解消し，良好な環境を確保できるように助言することが重要であると考えられている。現在は，地域子ども・子育て支援事業の中に乳児家庭全戸訪問事業が入っており，市町村事業によって，誕生から4か月までの間に訪問を行い，適切なフォローにつなげていく体制が整えられてきている。

（3）未熟児訪問指導

　未熟児を養育している家庭を訪問して，助言指導する事業である。訪問先は低出生体重児の届出により行う。低出生体重児は，出生時からさまざまなハンディキャップを抱えて誕生する場合があり，家庭での育児に困難をきたすことも多いため，適切な助言指導が求められている。さまざまな障害や疾病に対する対応が必要なため，高度な専門性を要する指導として，都道府県事業として扱われてきたが，2013（平成25）年度からは市町村で実施されることになった。

5.4　療養・医療対策等
（1）未熟児養育医療

　未熟児は医学的対応を必要とし，医療機関での入院や治療を要する場合が多いため，それらに必要な費用の給付や支弁を行う事業である。対象は，指定養育医療機関に入院した出生体重2,000g以下の乳児，または周産期に重篤な合併症を有した乳児などである。母子保健法に基づく事業で，長らく都道府県の事業として実施されてきたが，2013（平成25）年度より市町村の実施事業となった。

（2）小児慢性特定疾患治療研究事業

　　小児慢性特定疾患とは，治療をしなければ発育や生命に重大な影響を及ぼすもので，治療が困難であるためにその期間は長く，高額な費用を要する疾患のことを意味する。対象は，① 悪性新生物，② 慢性腎疾患，③ 慢性呼吸器疾患，④ 慢性心疾患，⑤ 内分泌疾患，⑥ 膠原病，⑦ 糖尿病，⑧ 先天性代謝異常，⑨ 血液疾患，⑩ 免疫疾患，⑪ 神経・筋疾患，⑫ 慢性消化器疾患，⑬ 染色体または遺伝子に変化を伴う症候群，⑭ 皮膚疾患，⑮ 骨系統疾患，⑯ 脈管系疾患の16に分類され，762疾患が対象となっている（2019年度現在）。患者や家庭の負担を軽減するために，このような対象疾患の

コラム　乳児家庭全戸訪問事業（こんにちは赤ちゃん事業）

　　この事業は，通称「こんにちは赤ちゃん事業」といわれる。これは，モデル事業として実施していた際に用いていた呼称であるが，親しみやすさから，現在も市町村の現場では用いられており，この呼称のほうが一般の保護者たちには周知されているようである。

　　この事業は，生後4か月までの乳児のいるすべての家庭を訪問し，さまざまな不安や悩みを聞き，子育て支援に関する情報提供等を行うものである。このことによって，親子の心身の状況や養育環境等の把握や助言を行い，支援が必要な家庭に対しては適切なサービス提供につなげることができるからである。乳児のいる家庭と地域社会をつなぐ最初の機会とすることにより，乳児家庭の孤立化を防ぎ，乳児の健全な育成環境の確保を図るものとして，児童福祉法に規定されている事業である。

　　初めて出産し，育児を体験する母親は，発育・発達が思わしくないように感じたり，慣れない授乳等により自分の睡眠時間の確保が思うようにならず，精神的にイライラしたりすることも多い。このような母親たちの不安を取り除くことは，乳児の健康な発育・発達に必要なものであるが，この事業の目的はそれだけではない。

　　図は社会保障審議会児童部会児童虐待等要保護事例の検証に関する専門委員会の第1～9次報告を集計して，0歳児の虐待死の状況を示したものである。これをみると，明らかに0歳0か月での死亡が多く，45.9％に上っていることがわかる。乳児家庭全戸訪問事業の対象となる4か月まで含めると70％を超える割合で死亡している。

　　つまり，この訪問の目的には，子どもの虐待死を防止するという意味もあり，ていねいな訪問を行うことがいかに重要であるかがうかがえる。

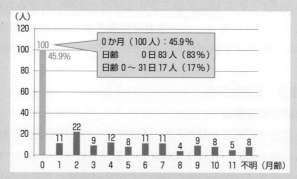

0歳児虐待死218例の月齢別人数

出典）社会保障審議会児童部会児童虐待等要保護事例の検証に関する専門委員会第1～9次報告

医療の確立と普及を図る研究を行う事業である。

（3）助 産 施 設

　助産施設は児童福祉法に基づく児童福祉施設の一つである。保健上，対応が必要であるにもかかわらず，経済的理由により入院して助産援助が受けられない妊産婦を入所させて援助する施設である。

6．母子保健施策の方向性

　2017（平成29）年度より施行されている改正児童福祉法では，さらに児童虐待防止の観点が強調されており，その担い手として母子保健領域の事業の拡充に予算措置されている。特に，地域における切れ目のない支援を子どもと家庭に対してアプローチできる保健師や助産師等の専門職の働きが期待されている。

　2019（令和元）年度の児童相談所への児童虐待相談の通告件数は19.3万件を超え，児童虐待防止に対する国民意識の高まりや児童相談所による対応強化によって，早期発見から予防段階での対象への働きかけの重要性が指摘されている。特に児童虐待発生のハイリスク群として，若年妊娠・出産，望まない妊娠・出産，経済的困窮，高齢出産等の特定妊婦があげられている。特定妊婦段階での支援開始を地域で徹底し，切れ目のない支援を地域のネットワークによって行う体制を目指した取り組みを促すために，子育て世代包括支援センターを市町村で立ち上げることが進められている。

　例えば，妊娠段階から妊産婦健康診断の受診を定期的に行うことによって，専門職とのパイプを切らさずに支援を継続できることを目指し，2013（平成25）年度以降は地方財源を確保して，健診実施に必要な回数の確保や検査項目の充実が図れるようになった。これは，妊婦健康診査が子ども・子育て支援法の地域子ども・子育て支援事業の一つに位置づけられたことによって，さらに拡充が図られている。

　その他，不妊に悩む夫婦への支援も，母子保健領域で近年拡充されている。不妊治療費が高額であることから，2004（平成16）年度から配偶者間の不妊治療（体外受精）に要する費用の一部助成が始まっているが，その後，2009（平成21）年度には1回あたりの上限額の引き上げが行われ，毎年，助成単価の見直しにより拡充が図られている。不妊に関する医学的な相談や，不妊による心の悩み相談を行う不妊専門相談センターの設置も行われている。2020（令和2）年に閣議決定された「少子化社会対策大綱」において，不妊治療などへの支援が盛り込まれた。これは少子化を止めるための職場環境の整備，不妊専門相談センターの整備等が含まれている。

　子どもの健やかな健康は，親（特に母親）の妊娠期からの健康・生活状態に大きく影響を受けるものであり，親子関係の安定は児童虐待防止にもつながることから，これからの母子保健施策の方向性の中で，妊婦（母親）の栄養・健康管理は重要であるという理念に基づいて実施されている。

第11章

地域保健

1. 地域保健が求められる理由

　日本は現在，人口構造が急激に変化し，少子高齢化が進展している。1997（平成9）年に，18歳未満の子どもの数が65歳以上の高齢者よりも少ない「少子社会」となった。また，1970（昭和45）年に高齢化率が7％を超え「高齢化社会」へ，1994（平成6）年には14％を超え「高齢社会」となっている。2015（平成27）年には団塊世代がすべて65歳を迎え，2016（平成28）年の出生数は過去最少の98万人と，はじめて100万人を割り，2019（令和元）年には86.5万人となった。単独世帯，中でも高齢者の単独世帯が増加し，家族機能の低下，地域のつながりが希薄化している。少子高齢化によって日本では，若年労働力の不足や，高齢者の医療費の増加などの多様な問題がみられる。

　また，都市への人口集中が進み，国際競争の激化等に伴う非正規労働者の増加，雇用基盤の脆弱化，貧困・所得格差の拡大が起こり，住民の健康状態に影響を及ぼし，健康格差を生み出している。こうした状況に対応するために，食育基本法，がん対策基本法，高齢者の医療の確保に関する法律（通称・高齢者医療確保法），自殺対策基本法など，関連する法制度が改正されてきた。地域保健法の改正も，現実の変化に対応するこうした法制度の改正の流れに位置づけられる。

2. 地域保健法の制定と改正

　地域保健法の前身である保健所法は1937（昭和12）年に制定された。戦後1947（昭和22）年に保健所法は強化拡充された。保健所は公衆衛生の第一線機関として位置づけられ，国，都道府県を通した衛生行政組織と制度の強化を図ったものである。保健所は，健康相談や保健指導に加え，医事，薬事，食品衛生，環境衛生などに関する行政機能をもつこととなった。

　その後1994（平成6）年に，保健所法は地域保健法に改正された。地域保健法の構成は5章からなる。第1章総則の第1条で，「この法律は，地域保健対策の推進に関する基本指針，保健所の設置その他地域保健対策の推進に関し基本となる事項を定めることにより，母子保健法その他の地域保健対策に関する法律による対策が地域において総合的に推進されることを確保し，もつて地域住民の健康の保持及び増進に寄与することを目的とする」と定められた。そして第2章地域保健対策の推進に関する基本指針の第4条「厚生労働大臣は，地域保健対策の円滑な実施及び総合的な推進を図

るため，地域保健対策の推進に関する基本的な指針を定めなければならない」により，具体的な地域保健対策である地域保健対策の推進に関する基本的な指針（平成 6 年厚生省告示第 374 号，以下基本指針と表記）が，1994（平成 6）年に初めて定められた。

　　第 4 条が定められた背景には，① 地域保健対策を推進するために保健所等の関連機関が相互に機能するようになること，② 地域の特性や社会福祉・介護保険等関連施策と有機的に連携すること，③ 科学的な根拠に基づいて地域保健対策を推進すること，④ 地域住民の健康保持と増進，⑤ 地域住民が安心して暮らせる保健医療体制確保のための地域保健対策の総合的推進が必要であるとの問題認識があった。

3. 基本指針の目的と改正経緯

　　基本指針の目的は，地域保健体系の下で，市町村，都道府県，国等が取り組むべき方向を示し，地域保健対策の円滑な実施および総合的な推進を図ることである。具体的には，地域保健対策の方向性や地域保健の役割についての検討を通して，1994（平成 6）年には保健サービスと福祉サービスとの一体的な提供と，個人を対象とした公助が示された。その後，1995（平成 7）年の阪神・淡路大震災や 2000（平成 12）年の介護保険制度施行などを背景に，2000 年に改正がなされた。2003（平成 15）年には，健康増進法の施行，次世代育成支援対策推進法の制定，精神障害者対策などによる基本指針の策定，第 3 次対がん 10 か年総合戦略の策定，保健活動指針の一部改正（最終），精神障害者対策・児童虐待防止・生活衛生対策といった社会状況の変化を踏まえた改正がなされた。2007（平成 19）年には，医療制度改革，医療計画（4 疾病 5 事業），特定健診・特定保健指導の導入を背景に改正が行われた。

　　2010（平成 22）年から 2 年ほどをかけ，10 回にわたり地域保健対策検討会が行われ，2012（平成 24）年に地域保健対策検討会報告書〜今後の地域保健対策のあり方について〜がまとめられた。本報告書は，地域保健を取り巻く社会的背景，地域保健対策の方向性，地域保健の役割，方向性実現のための手段から構成されている。また，五つの大きな柱が提示され，必要とされる具体的な取り組みがまとめられた（図 11-1）。その結果を反映して 2012（平成 24）年に，地域保健対策の推進に関する基本的な指針の一部を改正する件（平成 24 年厚生労働省告示第 464 号）が告示された。この改正の背景には，① 少子高齢化のさらなる進展，② 共働き世帯や単独世帯の増加などの国民の生活スタイルの変化，③ 国民の健康課題としての非感染性疾患（NCD）対策の重要性の増大，④ 食中毒事案の広域化など，地域保健を取り巻く状況の大きな変化がある。また，地方公共団体の役割が見直される中，地域保健行政の役割が多様化していることもある。高度化，多様化していく国民のニーズに応えるには，行政主体の取り組みだけでは困難となっている。いま地域では，保健事業の効果的な実施，超高齢社会に対応した地域包括ケアシステムの構築，社会保障を維持・充実するための社会での支え合いの回復が求められている。また，2011（平成 23）年 3 月 11 日の東日本大震災で被災した人びとの健康を管理するにあたって，さまざまな課題も現れた。

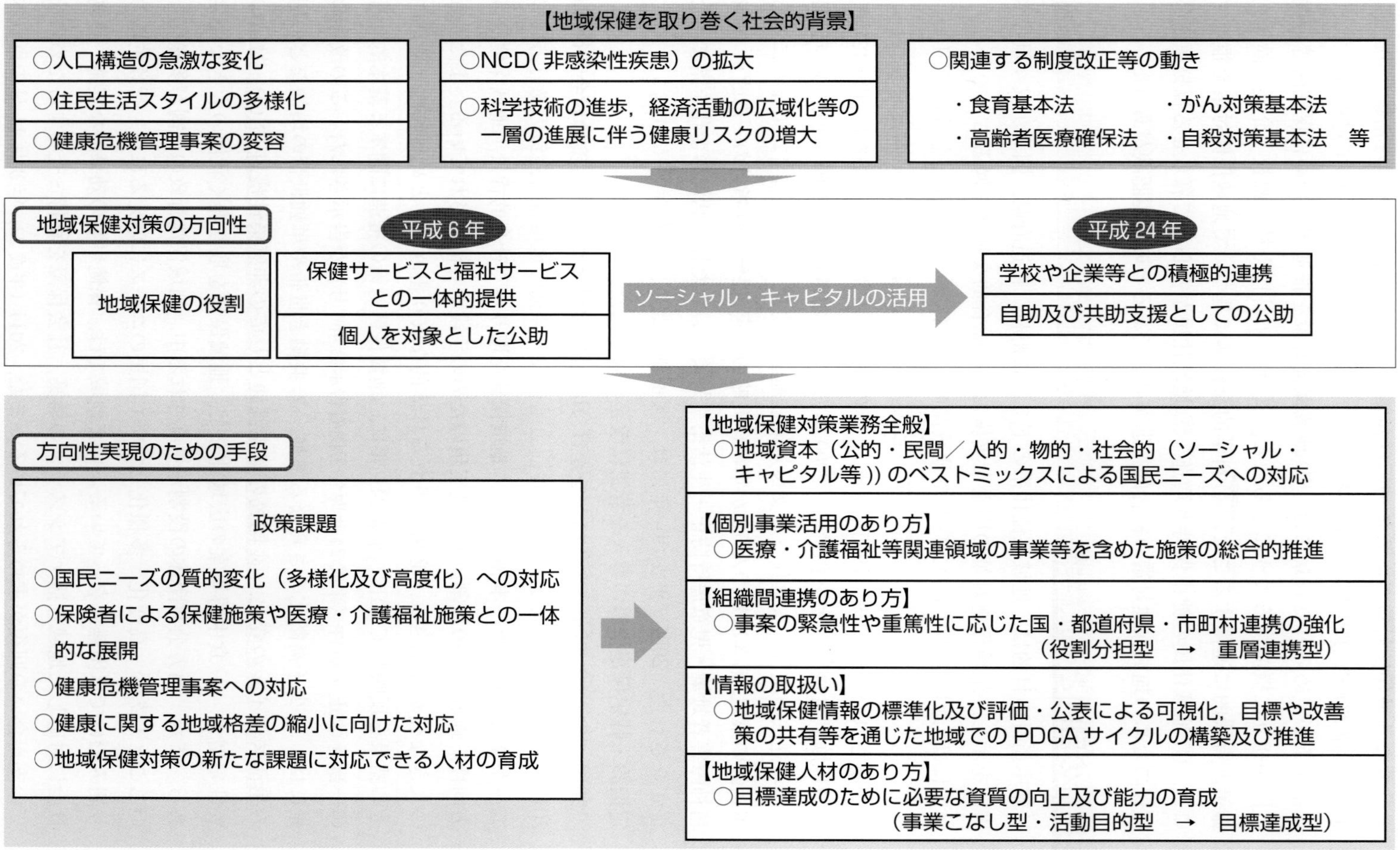

【地域保健を取り巻く社会的背景】

○人口構造の急激な変化
○住民生活スタイルの多様化
○健康危機管理事案の変容

○NCD（非感染性疾患）の拡大
○科学技術の進歩，経済活動の広域化等の一層の進展に伴う健康リスクの増大

○関連する制度改正等の動き
　・食育基本法　　　　・がん対策基本法
　・高齢者医療確保法　・自殺対策基本法　等

地域保健対策の方向性

地域保健の役割

平成6年

保健サービスと福祉サービスとの一体的提供

個人を対象とした公助

平成24年

学校や企業等との積極的連携

自助及び共助支援としての公助

ソーシャル・キャピタルの活用

方向性実現のための手段

政策課題

○国民ニーズの質的変化（多様化及び高度化）への対応
○保険者による保健施策や医療・介護福祉施策との一体的な展開
○健康危機管理事案への対応
○健康に関する地域格差の縮小に向けた対応
○地域保健対策の新たな課題に対応できる人材の育成

【地域保健対策業務全般】
○地域保健資本（公的／民間／人的・物的（ソーシャル・キャピタル等））のベストミックスによる国民ニーズへの対応

【個別事業活用のあり方】
○医療・介護福祉関連領域の事業等を含めた施策の総合的推進

【組織間連携のあり方】
○事業の緊急性や重篤性に応じた国・都道府県・市町村連携の強化
（役割分担型　→　重層連携型）

【情報の取扱い】
○地域保健情報の標準化及び評価・公表による可視化，目標や改善策の共有等を通じた地域でのPDCAサイクルの構築及び推進
（事業こなし型　→　目標達成型）

【地域保健人材のあり方】
○目標達成のために必要な資質の向上及び能力の育成
（事業こなし型　→　活動目的型）

図11-1　地域保健対策検討会報告書の概要

出典）地域保健対策検討会：地域保健対策報告書～今後の地域保健対策のあり方について～，p.50（2012）

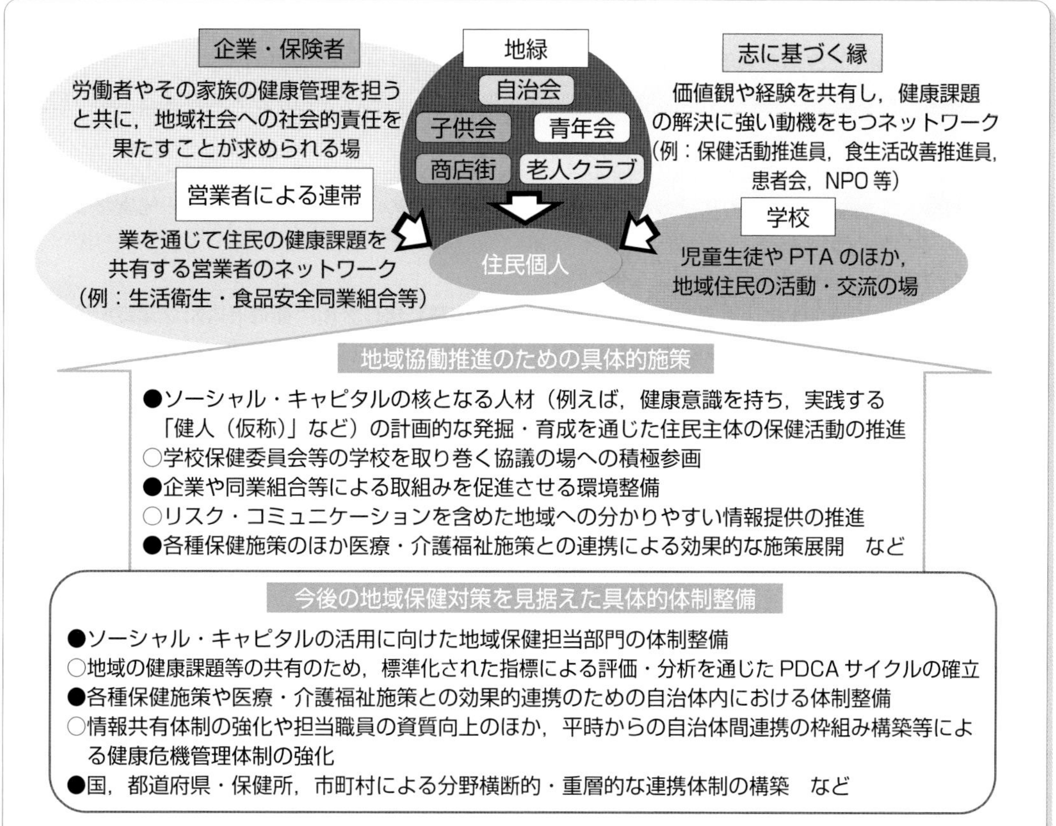

図 11 − 2　今後の地域保健対策のあり方
〜地域のソーシャル・キャピタルの活用を通じた健康なまちづくりの推進〜
出典）地域保健対策検討会：地域保健対策検討会報告書〜今後の地域保健対策のあり方について〜，p.51（2012）

　　以上のさまざまな現状を踏まえて基本指針の改正が行われ，今後の地域保健対策の
あり方が示され，地域のソーシャル・キャピタル（地域に根ざした信頼や社会規範，ネ
ットワークといった社会関係資本等）の活用を通じた健康なまちづくりの推進が目指さ
れることとなった（図 11 - 2）。

　　さらに 2015（平成 27）年には，政令市に係る人口要件の見直しが行われた。

4．基本指針の具体的内容−社会福祉等の関連施策との連携を中心に

　　2012（平成 24）年の基本指針改正内容は，表 11 - 1 のとおりである。ここでは，社
会福祉等の関連施策との連携の必要性が指摘されている事項を中心にみる。

　　まず，「2. 地域の特性をいかした保健と福祉の健康なまちづくりの推進」について
をみてみよう。健康増進法（平成 14 年法律第 103 号）第 7 条第 1 項の規定に基づいて，
国民の健康の増進の総合的な推進を図るための基本的な方針が改正された。方針では，
「個人の健康は，家庭，学校，地域，職場等の社会環境の影響を受けることから，社
会全体として，個人の健康を支え，守る環境づくりの取組を総合的に支援する環境を

表11-1　「地域保健対策の推進に関する基本的な指針」の平成24年改正内容

1　ソーシャルキャピタルを活用した自助及び共助の支援の推進

　地域保健対策の推進に当たっては，地域のソーシャルキャピタル*を活用し，住民による共助への支援を推進すること。

2　地域の特性をいかした保健と福祉の健康なまちづくりの推進

　市町村は，学校や企業などの地域の幅広い主体との連携を進め，住民との協働による健康なまちづくりを推進すること。

3　医療，介護及び福祉等の関連施策との連携強化

　市町村は，保健と介護及び福祉を一体的に提供できる体制整備に努め，都道府県及び保健所は，管内の現状を踏まえ，医療，介護等のサービスの連携体制の強化に努めること。

4　地域における健康危機管理体制の確保

　都道府県及び市町村は，大規模災害時を想定し，被災地以外の自治体や国とも連携した情報収集体制や保健活動の全体調整機能，応援等の体制を構築すること。また，国は，広域的な災害保健活動に資する人材の育成の支援や保健師等について迅速に派遣のあっせん・調整を行う仕組みの構築を行うこと。

5　学校保健との連携

　保健所及び市町村保健センターは，学校保健委員会やより広域的な協議の場に可能な限り参画し，連携体制の強化に努めること。

6　科学的根拠に基づいた地域保健の推進

　国，都道府県及び市町村は，地域保健に関する情報の評価等を行い，その結果を地域保健に関する計画に反映させるとともに，関係者や地域住民に広く公表することを通じて，地域の健康課題と目標の共有化を図り，取り組みを一体的に推進することが重要であること。

7　保健所の運営及び人材確保に関する事項

　保健所は，専門的な立場から企画，調整，指導及びこれらに必要な事業等を行い，市町村への積極的な支援に努めること。

8　地方衛生研究所の機能強化

　都道府県及び政令指定都市は，サーベイランス機能の強化や迅速な検査体制の確立等が求められていることを踏まえ，技術的中核機関としての地方衛生研究所の一層の機能強化を図ること。

9　快適で安心できる生活環境の確保

　都道府県，国等は，食中毒等に係る情報共有体制の強化や監視員等の資質向上等食品安全対策の強化及び生活衛生関係営業について監視指導の目標を設定するなど，住民が安心できる体制の確保を図ること。

10　国民の健康増進及びがん対策等の推進

　健康増進計画の策定・実施等の取り組みを行う場合，ソーシャルキャピタルを活用した地域の健康づくりに関係するNPO等との連携及び協力も強化すること。また，地域のがん対策，肝炎対策，歯科口腔保健の推進に関し，それぞれ必要な施策を講じること。

11　その他

＊地域に根ざした信頼や社会規範，ネットワークといった社会関係資本等のこと

出典）厚生労働省健康局がん対策・健康増進課地域保健室：地域保健対策の推進に関する基本的な指針について，pp.1〜4（2012）

整備することや，地域や世代間の相互扶助など，地域や社会の絆，職場の支援等が機能することにより，時間的又は精神的にゆとりのある生活の確保が困難な者や，健康づくりに関心のない者等も含めて，社会全体が相互に支え合いながら，国民の健康を守る環境を整備すること」が示されている。また，先にあげた「地域保健対策検討会報告書～今後の地域保健対策のあり方について～」では，事例として，① ソーシャル・キャピタルを活用した健康づくり活動の展開で，住民が積極的にほかの住民と交流し，地域の絆がさらに深まったケース，②「健康」を自治体全体の政策課題のキーワードにし，保健医療分野だけでなく組織全体で推進しているケースが報告されている。さらに，「平成22年国民健康・栄養調査結果」での，所得や地域による肥満および生活習慣の状況の違いの報告や，近年の社会経済的状況の変化を踏まえた，地域，職業，経済力，世帯構成等による健康状態やその要因となる生活習慣の差についての報告をあげ，今後の健康格差の深刻化を危惧している。

以上を踏まえ，「ソーシャル・キャピタルを活用し地域の特性をいかした保健と福祉の健康なまちづくりを推進し，個人の努力だけでなく地域社会全体で健康を支え，守ることができる環境づくり」を目指す必要性をあげている。すなわち，保健サービスと福祉サービスの一体的な実施体制の整備，健康なまちづくり推進のための行政・学校・住民・企業などの協働，ソーシャル・キャピタルの醸成が求められている。

次に，「3. 医療，介護及び福祉等の関連施策との連携強化」をみてみよう。ここでは，効率的で効果的な地域保健活動の展開を推進することを目的に，地域保健対策推進の基本的な方向として，医療，介護，福祉等関連施策との連携強化の事項を規定している。こうした連携強化が必要とされるのは，高齢者の増加などに伴い，住民のニーズが変化した際の的確な対応が求められているからとしている。また，都道府県および都道府県が設置する保健所の役割として，広域的観点からの医療・介護・福祉サービスの連携によって，地域での包括的なケアシステムの強化が求められている。そして，多様な関係機関の連携体制を構築していくための公平・公正な立場での調整機能を保健所が担うことが期待されている。すなわち，保健所が地域レベル，また広域レベルの連携構築にあたって重要な役割を果たしていくことが求められている。

5．社会福祉関連施策にみられる福祉・保健の一体的な取り組みの促進

2016（平成28）年に厚生労働省は，「『我が事・丸ごと』地域共生社会実現本部」を設置し，「地域における住民主体の課題解決強化・相談支援体制の在り方に関する検討会（地域力強化検討会）」を開催，2016年12月には中間とりまとめを，2017年9月には最終とりまとめを公表した。背景には，子ども・高齢者・障害者などすべての人びとが，地域，暮らし，生きがいをともに創り，高め合うことができる地域共生社会の実現が提唱された「ニッポン一億総活躍プラン」（同年6月に閣議決定）がある。

中間とりまとめでは，「我が事・丸ごと」の地域づくり，包括的な支援体制の整備に向け，①「住民に身近な圏域」での「我が事・丸ごと」としての地域福祉の理念，

②理念実現のための市町村による包括的な支援体制づくりの規定，③地域福祉計画の充実，④自治体等の役割検討の必要性の提示を掲げた，地域における住民主体の課題解決力強化・包括的な相談支援体制のイメージの提起がなされた（図11-3）。図中（1）（2）は「住民に身近な圏域」での「我が事・丸ごと」を，（3）は市町村における包括的な相談支援体制を示している。

　地域共生社会とは，制度・分野ごとの縦割りや支え手・受け手という関係を超えて，地域住民や地域の多様な主体が「我が事」として参画し，人と人，人と資源が世代や分野を超えて「丸ごと」つながり，住民一人ひとりの暮らしと生きがい，地域をともに創っていく社会を指す。そして，公的支援の縦割りから「丸ごと」への転換と，「我が事」・「丸ごと」の地域づくりを育む仕組みへの転換を改革の方向性とし，地域共生

コラム　地域保健充実を目指した地域での取り組み事例

　鳥取市では，少子高齢化の進展により，65歳以上の市民が急増すると予測されている。高齢者や障害者には健康づくりと医療・福祉の垣根を越えた連携によるサービスの提供，地域での共助も含む効果的な支え合いの仕組みづくりの推進が求められる。そこで，ローカルマニフェスト（地方自治体の首長選挙で候補者が出した，事後に検証可能な公約）にあげた「市民の健康を守ります」を推進するために「健康・子育て推進局」に「保健医療福祉連携課」を新設し，健康づくり，医療・福祉の連携施策を推進することとした（図）。

　具体的には，①市行政内部での保健医療福祉連携強化の取り組み，②外部の専門家による保健医療福祉連携強化の取り組み，③地域の医療を守ること，病気にならないようにする取り組みの三つの柱からなる。

　みなさんの住んでいる地域では，地域保健の充実を目指したどのような連携が保健・福祉領域で行われているだろうか？　市や県のホームページなどをみて，調べてみよう。

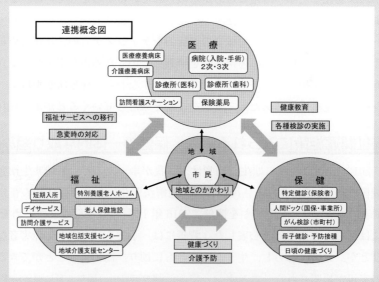

鳥取市の保健・医療・福祉の連携の取り組み
出典）鳥取市公式ウェブサイト

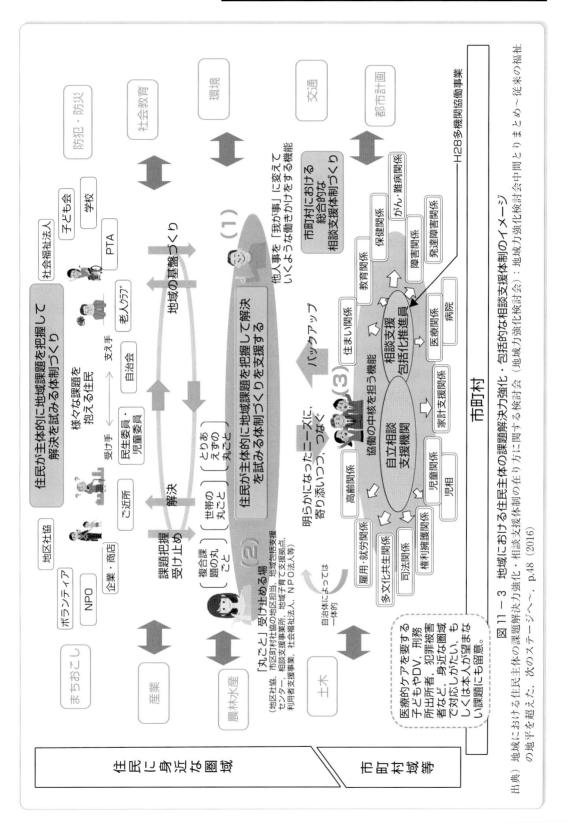

図11-3 地域における住民主体の課題解決力強化・包括的な相談支援体制のイメージ

出典）地域における住民主体の課題解決力強化・相談支援体制の在り方に関する検討会（地域力強化検討会）中間とりまとめ～従来の福祉の地平を超えた、次のステージへ～, p.48 (2016)

社会の実現に向けた，地域課題の解決力の強化，地域を基盤とする包括的支援の強化，地域丸ごとのつながりの強化，専門人材の機能強化・最大活用を骨格とする。

それらの実現に向けて，2017（平成29）年に介護保険法，社会福祉法等を改正し，2018（平成30）年に介護・障害報酬改定，生活困窮者自立支援制度の強化を行った。そして，2019（平成31）年には制度見直しを行うこととし，検討課題の一つに，保健福祉行政横断的な包括的支援のあり方があげられた。

なお，2017年3月には「『我が事・丸ごと』の地域づくり推進事業実施要領（案）」が策定された。ここでは，地域力強化推進事業，多機関の協働による包括的支援体制構築事業，共通事項としての事業実施の考え方等がまとめられた。

2019年（令和元）年12月の「地域共生社会に向けた包括的支援と多様な参加・協働の推進に関する検討会（地域共生社会推進検討会）」最終とりまとめでは，市町村がそれぞれの実情に応じ包括的な支援体制を整備するため，①断らない相談支援，②参加支援（社会とのつながりや参加の支援），③地域づくりに向けた支援を一体的に実施する事業を創設することとした。

2020年（令和2）年6月には，「地域共生社会の実現のための社会福祉法等の一部を改正する法律」が公布された。地域住民の複雑化・複合化した支援ニーズに対応する包括的な福祉サービス提供体制を整備する観点から，市町村の包括的な支援体制の構築の支援，地域特性に応じた認知症施策や介護サービス提供体制の整備等の推進，医療・介護のデータ基盤整備の推進，介護人材確保および業務効率化の取組強化，社会福祉連携推進法人制度の創設等の措置を講ずることが掲げられた。

6．今後の課題と展望

少子高齢化は今後も進み，地域での生活には保健・福祉等分野間の連携と，行政や住民との連携の推進が一層必要とされる。地域で生活を営む住民に効果的な生活支援を行うには，行政や各機関の縦割りの対応では十分ではない。学校に通う子どもからひとり暮らしの学生，妊娠・出産を控えた女性，子育て中の家族，高齢者世帯，ひとり暮らしの高齢者，障害者，外国籍住民など，多様な背景・状況をもつ住民が，地域で人とのかかわりをもちその人らしい生活を営んでいける，包摂的な社会が求められている。そうした社会の実現のためには，地域における保健・福祉の連携の取り組みの具体化とそれを支える制度・政策の充実が課題の一つであり，保健・福祉それぞれの領域からのより一層の働きかけが期待される。

文　　献

●参考文献
・地域保健対策検討会：『地域保健対策検討会報告書〜今後の地域保健対策のあり方について〜』（2012）

第 12 章

ボランティア（活動）

1．ボランティア（活動）とは

1.1　ボランティアの語源

　ボランティアの語源には諸説あるが，『社会福祉辞典』には「そもそもは，ラテン語の voluntas（自由意思）を語源とする言葉で，自分自身の意思で，主体的に社会におけるさまざまな問題に対処し，問題の緩和・軽減・解決にむけて活動すること，または活動する人をいう」[1] とされている。

　ボランティアという言葉は，人を指す場合と，活動を指す場合が混同して使われることがある。「私はボランティアです」と「私はボランティアをした」では，前者は「人」を表すのに対して，後者は「活動（行為）」を指しているといえる。

　また，阿部志郎は「ボランティアとは決して特殊な人を指すのではないと思います。お互いの生活の中でできることを，自分の能力を，金銭を，知恵を，時間を，少しでも隣人のために，そして隣人とともにサービスしよう，しかも，それを他人や役所に強制されてではなく，自発的，自主的に行動にあらわそうという人を言うのです。ですから，誰にでもできることなのです」[2] と述べている。

1.2　ボランティアの特性

　ボランティア（活動）にはさまざまな見解がある。百人百様の定義があり，いまだ，これといった定義はないが，以下の三つの特性は不可欠なものといえるであろう。

① 自主性：自主性はみずから進んでことに取り組むということで，誰かから指示・命令を受けるというものではない。「人から誘われて」という場合，「やってみよう」という自主的な気持ちで臨めばボランティアといえる。

② 無償性：「無償」という言葉が表すように，労働への対価を求めないということである。無償の中には，交通費や必要経費は含まれないが，相手などに対してそれらをむやみに請求してはいけない。

③ 社会貢献性：「公益性」などといわれたりもするが，「世のため人のため」に何かをするということである。ただし，人のためといっても，自分の親の介護や子どもなどは含まれず，他人のためということになる[3]。

　その他にも先駆性や開拓性などもあげられる。これまでにない，または，法制度などでの位置づけのなされていないものなどに対して，率先して取り組む行為などはそ

れらに該当しているといえる。

1.3　ボランティアとの類似語

「ボランティア」と「趣味」を混同している人がときどきいるが，確かにとてもよく似ているところがある。双方とも自主的で無償で行う活動という点では同じである。しかし，趣味が自己満足で終わっても構わないのに対して，ボランティアは人のため，社会のためにならなければそうではないという点が異なっているところである。

　また，東京都の都立高校では「道徳・奉仕」という教科が 2015（平成 27）年度まであった（p.197 参照）。もともと，2007（平成 19）年から「奉仕」という教科ではじまったものである。この奉仕という言葉はボランティアと似ている言葉であるが，自主性がなくても，誰かから指示・命令を受けてもできるものとなっている。そのため，教員からの指導のもとで奉仕活動はできるが，自主性を尊重するボランティア活動はできないという見解もある。

2．ボランティア（活動）の歴史

2.1　ボランティア（活動）の一般化（表 12-1）

　日本でボランティアという言葉が一般的になりはじめたのは，1970 年代頃といえるであろう。1970（昭和 45）年に文部省から婦人ボランティア活動促進事業が示され，専業主婦を中心とした女性によるボランティア活動が展開されていくようになる。そして，1973（昭和 48）年，オイルショックによる景気低迷が，社会福祉サービスのあり方に大きな影響を与えるようになる。経済学者などが日本型福祉社会を唱え，お互いを助け合うことをこれからの福祉のモデル的なものにしようという意見などが出された。

　そして，ボランティア活動にも変化がみられるようになっていった。それまでの主

表 12-1　日本におけるボランティア（活動）の歴史

年　代	日本のおもな出来事	ボランティア	
		おもな動き	出来事
1970 年代	「高齢化社会」突入（1970）オイルショック（1973）	女性によるボランティア活動が展開。地域にボランティアセンターが設立され，活動が盛んになる。	婦人ボランティア活動促進事業（1971）自由民主党の政策研修叢書「日本型福祉社会」（1979）
1980 年代	高齢者対策の見直し・改革が進められる。	海外協力のボランティアが増える。ボランティアの必要性が叫ばれるようになる。	在宅福祉が盛んになっていく。
1990 年代	阪神・淡路大震災（1995.1.17）	震災被害者の救護・捜索等でボランティアが活躍。NPO・NGO が注目されるようになる。	ボランティア元年（1995）特定非営利活動促進法（NPO 法）設立（1998）

婦を中心とするものから，学生やリタイアした男性などの活動も徐々に増えていった。活動内容も今までの点字・手話・朗読といった福祉技術的なものから在宅福祉を中心とした幅広い活動になっていくこととなった[4]。

2．2　災害とボランティア（活動）

　ボランティア活動に大きな影響を与えたものに災害がある。その相互の関係についてみていくこととする。

（1）阪神・淡路大震災（1995 年）とボランティアブーム

　ボランティア活動が一般的になってきた中，さらなるボランティア活動の広がりに結実したのが，阪神・淡路大震災であろう。兵庫県を中心とする阪神地域での都市直下型地震は，その地域に大きな被害をもたらした。そして，この震災は，その直近に出された国のボランティア活動推進策と時機の巡り合わせもあり，延べ活動者数約150 万人ともいわれる空前のボランティア活動となり，その後，マスコミなどが唱えたボランティアブームへの契機ともなった。

（2）東日本大震災（2011 年）と災害ボランティアセンター

　自然災害としては，昨今で最も大きかったものの一つに東日本大震災があげられる。地震，津波，原発被害と，いまだにその傷跡は癒えない状態が続いている。ただ，今までの災害ボランティア活動の教訓から，ボランティア活動そのものについては大きな混乱もなく，比較的順調に災害ボランティアセンターの立ち上げから，活動の展開が行われていったものと感じられる。

3．法制度とボランティア（活動）

3．1　1990 年代におけるボランティア推進策

　1980 年代，それまでの施設福祉を中心とする福祉サービスのあり方が見直され，在宅福祉が重視されるようになった。それに伴って，サービスの担い手の一つとしてボランティアが注目された。

　そうした中で，1993（平成 5）年に厚生省（当時）から国民の社会福祉に関する活動への参加の促進を図るための措置に関する基本的な指針が出された。また，同年には，中央社会福祉審議会地域福祉専門部会の意見具申であるボランティア活動の中長期的な振興方策についても出された。それによって明確に打ち出されたのが，ボランティア活動に対する社会的評価であった。ボランティア活動をすると就職や進学に有利になるようにする仕組みである。これが 90 年代のボランティアブームを起こした要因の一つとなったといっても過言ではないであろう。

3．2　特定非営利活動促進法（通称：NPO法）

　阪神・淡路大震災におけるボランティアの活躍は目を見張るものがあった。それは国を動かすことになり，1998（平成10）年，特定非営利活動促進法（通称：NPO法）が制定されることとなった。それまでの市民活動に与えられなかった法人格を，認証という形で与え，非営利団体に法人による契約行為を可能とするものである。

　法の中に，特定の活動分野が示されており（表12-2），宗教，政治，暴力団関係を除く，ほとんどのものが認められることとなり，法人格を取得するためには，必要書類を整えて，都道府県知事に申請をして認証を受けることとなっている。ただし，複数の都道府県にまたがる活動については内閣総理大臣の認証が必要となっている。なお，社会福祉法人などとは異なり，寄付金等が所得控除の対象となっていないなどの課題が残っている。

　法の目的には以下のように書かれている。

　第1条　この法律は，特定非営利活動を行う団体に法人格を付与すること並びに運
　　　　営組織及び事業活動が適正であって公益の増進に資する特定非営利活動法人の
　　　　認定に係る制度を設けること等により，ボランティア活動をはじめとする市民
　　　　が行う自由な社会貢献活動としての特定非営利活動の健全な発展を促進し，も
　　　　って公益の増進に寄与することを目的とする。

表12-2　特定非営利活動促進法第2条関係　別表

1	保健，医療又は福祉の増進を図る活動
2	社会教育の推進を図る活動
3	まちづくりの推進を図る活動
4	観光の振興を図る活動
5	農山漁村又は中山間地域の振興を図る活動
6	学術，文化，芸術又はスポーツの振興を図る活動
7	環境の保全を図る活動
8	災害救援活動
9	地域安全活動
10	人権の擁護又は平和の推進を図る活動
11	国際協力の活動
12	男女共同参画社会の形成の促進を図る活動
13	子どもの健全育成を図る活動
14	情報化社会の発展を図る活動
15	科学技術の振興を図る活動
16	経済活動の活性化を図る活動
17	職業能力の開発又は雇用機会の拡充を支援する活動
18	消費者の保護を図る活動
19	前各号に掲げる活動を行う団体の運営又は活動に関する連絡，助言又は援助の活動
20	前各号に掲げる活動に準ずる活動として都道府県又は指定都市の条例で定める活動

　この法律によって，特定非営利活動法人（通称・NPO 法人）を設立することができるようになった。法人は都道府県知事の認証を受け，登記することによって正式に発足となる。

　NPO 法人とボランティア団体との違いは前者に契約行為が認められるという点である。つまり，事務所の賃貸や電話の契約等の行為が法人として認められるという点である。そして，事業報告等の義務があるため，社会的な信頼も得られやすいということがあげられる。

3．3　教育界の動き

　前述の 2007（平成 19）年にスタートした東京都立高校での教科「奉仕」も，制度的なものの一つといえるであろう。そもそも，2000（平成 12）年の教育改革国民会議の席上で奉仕活動の義務化は議論された。しかし，結果的にその案は断念され，国として義務化されることはなかった。ところが，東京都が単独で，都立高校限定で「奉仕」をはじめた。座学と実践による組み合わせ科目となっており，2014（平成 26）年度からはそれに道徳が加えられ，さらに 2016（平成 28）年度からは，それを発展させ道徳教育とキャリア教育を一体化させた「人間と社会」の科目になった。

　学外ボランティア組織とタイアップして効果的な活動を展開しているところもあれば，災害後の復旧活動に生徒が植林活動に積極的に臨んでいるところもある。

3．4　ボランティア活動保険

　「備えあれば患いなし」という言葉がある。ボランティア活動の場合もそのとおりで，活動中に誰かにけがをさせてしまったり，物を壊してしまったり，または自身がけがをしたりということは，どんなに注意をしていても起こりえることである。そうしたことに備え，設けられたのが，ボランティア活動保険といえる。

　実際に子ども会の日帰りキャンプ活動の際に，引率者が目を離したすきに子どもが亡くなってしまったという事故が過去にあった。その死亡児童の親が起こした裁判の結果，無償の活動とはいえ，過失は免れないと有罪の判決が出ている。

4．ボランティア活動の実際

4．1　社会福祉施設とボランティア（活動）

　施設には通所と入所のサービス形態別と，児童，障害，高齢者といった対象者別のものがある。最近は，利用者に直接接する食事介助や入浴介助より，行事やクラブ活動，清掃等の環境整備，利用者との話し相手，学習支援等の活動が中心である。

　社会福祉施設の多くでは，ボランティアコーディネーターまたはボランティア担当等が配置され，受け入れのマニュアルや活動のプログラムが整っているところが多い。

4．2　地域活動とボランティア（活動）

　地域におけるボランティア活動の代表的なものに，サロン活動の運営がある。高齢者を対象とするふれあい・いきいきサロンと，子育て中の親子を対象とした子育てサロンがある。ともに地域の中で孤立しがちな対象者を活動へと誘うことで，引きこもりの防止，情報交換や交流，また，場合によっては，虐待の防止につながることもある。地域住民が主体となって展開されるサロン活動は地域福祉活動の中でも中心的な存在であり，その運営に多くの住民がボランティアとしてかかわっているのである。

　また，高齢者や障害者で食事づくりが困難な人を対象にした食事サービスなどもある。ボランティアや施設で調理したお弁当を，それぞれの対象者の自宅へと配達する。そうすることで，孤立防止，栄養の補給に役立っている。

　そうした際の献立を考えたり，エネルギー量や食塩量などを計算したり，彩りや盛り合わせを検討したりすることもボランティア活動につながるものである。

5．ボランティアコーディネート

5．1　ボランティアコーディネートの必要性

　ボランティア活動をはじめる際に，何をどうしたらいいのかわからないというケースがある。そうしたときに，ボランティアコーディネーターが仲人のような役割を担ってくれることとなる。ボランティア活動の道先案内人的役割になる。

5．2　ボランティアコーディネートの三つのタイプ

　ボランティアコーディネートには「送出し」「仲介」「受入れ」の三つのタイプがあ

コラム　ボランティアマネジメント

　昨今のボランティア研究では「ボランティアマネジメント」という言葉が使われることがある。マネジメントは直訳すると「管理・監督」といったような意味である。そのため，本来，自主性を重んじるボランティア活動とは相反するような言葉と考えられる。桜井はボランティアマネジメントの意味を「ボランティアの管理というよりも，ボランティアという特殊な人的資源の開発・活用と，それにより，事業を成果へ導く方法を探求した体系，と理解するべきだろう」（桜井政成：『ボランティアマネジメント』ミネルヴァ書房，p.104（2007））といっている。

　ボランティア活動希望者が，みな最初からボランティアとして 100％活動できるというわけではない。中にはボランティア活動の意味を十分理解せずに，ボランティア活動とはいえない活動を希望する人もいるであろう。また，場合によっては，ボランティア活動へと誘う側が，ボランティア活動の意味を十分理解せずに，「無償」や「社会貢献」といった側面だけをもってボランティア活動と位置づけてしまっている場合もある。

　そうした人たちに対して，道しるべとなり，希望するような活動へと誘うことがボランティアマネジメントの役割といえる。従来のボランティアコーディネートを吟味し，より包括的な形でかかわりをもってボランティア活動希望者と接することこそが，ボランティアマネジメントといえる。

る。桜井によれば，送出しとは学校や企業などで，ボランティア活動希望者を活動先へまさしく送出すコーディネートのことである。仲介とは社会福祉協議会やボランティアセンターなどが，活動希望者を受け入れて，活動希望先への仲介をするもの。受入れは社会福祉施設やNPO法人など，現場を抱えていて，活動希望者を受入れて，ボランティア活動に従事してもらうものとなっている[5]。

また，ボランティアコーディネートの機能として，松藤は「需要供給機能」「情報提供機能」「養成・教育機能」「支援・援助機能」「調査研究機能」をあげている[6]。

① 需要供給機能：ボランティア活動をしたい，してもらいたいという人をつなぐ機能のことで，ボランティアコーディネートの中核的役割となる機能である。

② 情報提供機能：ボランティアに関する情報提供はもちろんのこと，ボランティア活動の視点から社会へと働きかける機能をいう。

③ 養成・教育機能：ボランティア活動者を発掘，養成し，実際のボランティア活動の場へと送り出す機能をいう。

④ 支援・援助機能：ボランティア活動が円滑に進められるように，活動に関する相談にのるなど，さまざまな支援・援助をしていく機能のことである。

⑤ 調査研究機能：ボランティアに関連するさまざまなサービスに関する情報を収集したり，ボランティアを必要としている人びとの現状を把握したりする機能のことである。

文　　献

●引用文献
1) 社会福祉辞典編集委員会編：『社会福祉辞典』大月書店（2002）
2) 阿部志郎：『ボランタリズム』海声社，p.32（1988）
3) 小倉常明監修：『ボランティア・保育体験等受け入れのすすめ　保育所のためのなるほどQ&A』筒井書房，p.4（2003）
4) 小倉常明：「ボランティア活動の歴史」小倉常明・松藤和生編『いちばんはじめのボランティア』樹村房，p.15（2007）
5) 桜井政成：「ボランティアコーディネーター・ボランティアコーディネート」小倉常明・松藤和生編『いちばんはじめのボランティア』樹村房，p.103（2007）
6) 松藤和生：「ボランティアコーディネートの意義」小倉常明・松藤和生：『KT式新説ボランティア概説』エイデル研究所，p.36（2001）

第 13 章

災害福祉

　本章では，近年注目が集まっている災害福祉について解説する。災害とは何か，災害に対して社会福祉実践はなぜ，どのように関与するのか。災害福祉あるいは災害ソーシャルワークという新しい概念を手がかりに，社会福祉が災害時に果たす役割について，その基本的な考え方と具体的な実践方法を概観したい。

　なお，災害時における，あるいは災害に関連した社会福祉実践の呼称は論者によって「災害福祉」「災害（時）ソーシャルワーク」「災害時コミュニティ（ソーシャル）ワーク」「災害時支援」「福祉救援」などさまざまであり，今のところ統一されていない。これらの概念規定についてはそれ自体が研究課題の一つである。ここでは「災害福祉」「災害ソーシャルワーク」を使用するが，特に両者について明確な区別をせずに取り扱っている点に注意してほしい。

1. 災害と社会の脆弱性

1.1 災害とは何か

　「災害」と聞いて，何を思い浮かべるだろうか。地震，津波，集中豪雨，土砂崩れ，火山噴火，山林火災など，さまざまなものが想起されるかもしれない。しかし地震も津波も台風も，無人の荒野や孤島で発生したならば，それは大規模な自然現象にすぎない。そうした自然現象が人びとが暮らす場所で発生し，命が奪われ，暮らしが破壊され，私たちのコミュニティ（地域や社会）が危機的状況にさらされることを「災害」とよぶのである。

　逆にいえば，地震や津波，台風などが襲ったとしても，私たちの地域や社会がそれらから命や暮らしを守ることのできる「つよさ」をもっていたならば災害を防ぐ，あるいはそのダメージを軽減することができる。例えば，建物に耐震補強が施されていれば，地震によるダメージをやわらげることができるし，海岸に高い防潮堤を張り巡らすことで津波による町への被害を少なくすることができるかもしれない。また，日ごろから避難手順や救援体制を万全に準備している地域は，有事の際にスムーズな避難や救助活動によって，災害に対する「つよさ」を備えた地域であるといえよう。こうした災害に対する「つよさ」を表す言葉として，近年では「回復力」や「しなやかさ」を意味する「レジリエンス（resilience）」が用いられている。

　しかし私たちの住む地域や社会には，地震や津波，台風のような自然現象のもつ破壊力に対して「もろい部分」が存在する。例えば耐震対策がなされていない建物，老

朽化した防潮堤，あるいは土砂崩れの起きやすい山のすぐふもとにある住宅街などは，災害によって大きな被害を受けるリスクを秘めている。また高齢化や人間関係の希薄化によって，いざというときに助け合える力が弱まっている地域があったとしたら，それも社会がもつもろさの一つといえるだろう。そうした私たちの社会が内包する脆弱性（vulnerability）が大規模な自然現象のもつ破壊力（hazard）にさらされたとき，そこに「災害」とよばれる現象が立ち現れる。立木茂雄は「災害の被害は社会的に構成される」[1]と述べ，災害のダメージは，発生した自然現象の種類や規模だけでなく，社会の側がもともともっていた脆弱性のありようにも規定されるとしている。

1.2　災害に対する「脆弱性」の意味

　私たちの社会が災害に対する脆弱性をもつとするならば，その脆弱性を実際に担わされているのはどのような人びとだろうか。すぐに思い浮かぶのは，近年日本でも注目されるようになった災害時要援護者とよばれる人びとであろう。災害時要援護者とは「必要な情報を迅速かつ的確に把握し，災害からみずからを守るために安全な場所に避難するなどの災害時の一連の行動をとるのに支援を要する人びとをいい，一般的に高齢者，障害者，外国人，乳幼児，妊婦等」[2]であるとされている。

　2011（平成23）年に発生した東日本大震災で被害が大きかった岩手県，宮城県，福島県の3県で収容された死亡者は1万5,814人（2014年3月11日現在）であった。検死等によって年齢が判明している1万5,717人のうち60歳以上の高齢者は1万384人と66.1％を占めている（図13-1）。またいわゆる震災関連死者数3,089人（同）のうち，66歳以上が2,755人と全体の89.2％となっている（平成26年度版高齢社会白書）。また，障害者についても死亡率が高い傾向にあったことも知られている。調査によって，数値に違いはあるものの，総人口に占める住民死亡率に比べ，障害者の死亡率は

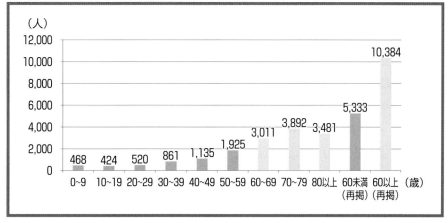

図13-1　東日本大震災における岩手県・宮城県・福島県で収容された年齢別死亡者数
出典）警視庁：東北地方太平洋沖地震による死者の死因等について（平成23年3月11日〜平成26年3月11日）

1.1 倍から 4 倍ほど高くなることが報告されている[3), 4)]。こうした東日本大震災の被害状況からは，高齢者や障害のある人びとが災害に対して一定の脆弱性をもつ人びとであることが改めて確認できる。しかしこのことは同時に，そうした人びとの命を守ることができなかった，私たちの社会がもつ脆弱性が浮き彫りにされたことを意味している。

　海外の事例にも目を向けてみよう。2005（平成 17）年にアメリカ南東部を襲ったハリケーン・カトリーナは，死者 1,836 人，行方不明者 705 人を出す大災害であった。最大の被災地となったルイジアナ州ニューオリンズでは市内の 8 割が冠水し，1,300人以上の死者を出した。海抜よりも低い地域での被害が大きかったとされているが，ニューオリンズの脆弱性はそうした地形だけではなかった。当時ニューオリンズでは住民の 28％が貧困状態（全米平均の 3 倍以上）にあった。巨大なハリケーンが接近する中，貧しい人びとの多くが，車をもたず，また避難による経済的負担に耐えられないために地域内にとどまったという[5)]。海抜の低い地形に加え，地域社会がもともと抱えていた貧困問題という脆弱性が，ハリケーンにさらされ，大きな被害につながったのである。

　高齢者や障害者，あるいは貧しい人びとだけが脆弱さをもつ人びとかといえばそうではない。図 13-2 は，1995（平成 7）年に発生した阪神・淡路大震災による死者を年齢階層ごとにみたものである。年齢が高い層で死者が多くなっていることが一目瞭然であるが，若い世代に注目してみると，20 代前半で死者が多くなっている。阪神・淡路大震災の被災地は大学が多く集まる場所であった。ひとり暮らしの学生は耐震性の低い木造アパートに住んでいるケースが多く，そうしたことがこの年代で死者が多くなっていることの背景と考えられている。またひとりでアパートに住む学生などの

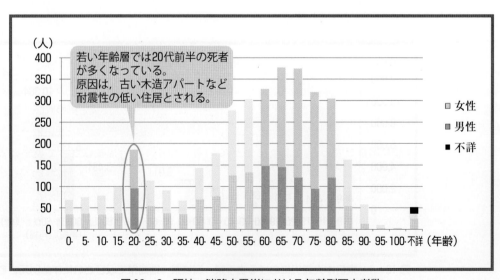

図 13-2　阪神・淡路大震災における年齢別死亡者数
出典）兵庫県：阪神・淡路大震災の死者にかかる調査について（平成 17 年 12 月 22 日記者発表）

若者は，近隣関係が希薄なことが多く，災害直後の近隣住民による救助ネットワークから漏れてしまったことも考えられる。

　こうしたデータからは，若く健康な人びとであっても，見方によっては災害に対する脆弱性をもつ存在になり得ることを示している。

1.3　社会福祉と「社会的バルネラビリティ」

　古川孝順は，社会福祉の対象となる人びとをより包括的にとらえるために社会的バルネラビリティという概念を提唱している。これは「現代社会に特徴的な社会・経済・政治・文化のありようにかかわって，人々の生存（心身の安全や安心），健康，生活（の良さや質），人格の尊厳，人と人のつながり，環境（の良さや質）が脅かされ，あるいはその恐れのある状態にある」[6]という意味だという。私たちの社会を災害が襲ったとき，高齢者や障害者をはじめとした災害時要援護者といわれる人びと，あるいは貧困状態に置かれた人びとなど，社会の最も脆弱な部分に最も苛烈なダメージをもたらす。そして，そうした人びとは，社会福祉におけるもともとの対象と多くの部分が重なるのである。

　もちろん，災害によってその命や暮らしが脅かされるのは，もともと社会的バルネラビリティをもっていた人びとだけではない。災害は社会的にバルネラブルな人びとを新たに生み出す契機ともなる。社会福祉の目的が，人間存在としての個人や家族の安寧だとすれば，きわめて短期間のうちにそれを破壊する災害は，社会福祉にとっても最も重大な脅威なのである[7]。災害は，社会福祉が対象とするバルネラブルな人びとに最も大きなダメージを与え，また，新たにバルネラブルな人びとを生み出す。ここに災害と社会福祉が，密接なかかわりをもつことの必然性を見出すことができる。

2．災害福祉，災害ソーシャルワークとは何か

2.1　災害と福祉をめぐる理論研究の現状

　前節で述べてきたように，社会福祉にとって人びとの命と暮らし，あるいはそれをとりまく環境に重大なダメージを与える災害は，最も重大な脅威であるといえる。また，日本は地理的条件の影響から，歴史的に数々の自然災害に見舞われてきた世界有数の災害国でもある。高島進が「災害問題ぬきにしては社会事業の歴史は真に語り得ぬほどの比重を持ってきた」[8]と述べているとおり，社会福祉にとって災害は古くから実践上の重要なテーマであった。それにもかかわらず日本の社会福祉の領域では災害時における社会福祉のあり方について，ごく最近まで体系的な整理がなされてこなかった。災害時における社会福祉の役割の重要性が認識されながらも，災害時の福祉やソーシャルワーク実践に関する理論研究の蓄積はきわめて乏しいのが現状であった。しかし2011（平成23）年の東日本大震災を契機に災害と福祉をめぐる理論研究が活発化している状況にあり，今後本格的な理論体系の構築が進展することが期待されている[9]。

2.2　災害福祉をめぐる理論

　前述したように，日本の社会福祉研究の領域で本格的に災害福祉，災害ソーシャルワークの理論化，あるいは実践研究に取り組む研究成果がみられるようになったのはごく最近のことである。社会福祉と災害をめぐる議論においてまず重要となるのが，災害福祉とは何かについての理論的整理であろう。そこでは，通常の社会福祉実践との相違，または災害時のソーシャルワークと平常時のそれとの相違や連続性ないしは関係性がいかなるものであるのかを，社会福祉理論固有の原理や視点に基づいて明らかにすることが中心的な課題となる。現在のところ，この課題について正面から理論的に定義づけている文献はそれほど多くないが，代表的なものをいくつかみておきたい。

　西尾雄吾は「災害福祉とは，災害を契機として生活困難に直面する被災者とくに災害時要援護者の生命，生活，尊厳を守るため，災害時要援護者のニーズをあらかじめ的確に把握し，災害からの救援・生活支援・生活再建に対し，効果的な援助を組織化する公私の援助活動である」と述べて，災害福祉をより災害時要援護者に焦点化した社会福祉実践として規定している[10]。また古川隆司は「自然災害によるダメージとは，多面的で時間的広がりをもった地域社会と住民へのダメージ」としたうえで「災害福祉は，災害のもたらすダメージが人々の生活に及ぼす影響に注目し，それを社会的援護を要する課題ととらえる」とし，「人々が生活再建と地域社会の復興を通して立ち直っていく過程を，多様な支援から実現する実践が災害福祉の実践」であると述べている[11]。ここではより一般的に災害によってその生活にダメージや影響を受けた人びとへの援助過程として災害福祉が構想されている。

　次に，上野谷加代子による災害ソーシャルワークについての整理をみよう。上野谷は災害時におけるソーシャルワーカーの立場と役割について以下のように整理している[12]。

① 被災者の重層する痛みを理解し，共感し，寄り添う。
② 継続的な支援を地域において包括的に体系化する。
③ 想像力と創造性の発揮を繰り返す。
④ 開発性，開拓性，交渉と調整機能を発揮する。
⑤ 被災者が主人公であるという考え方を関係者に理解させる。
⑥ 支援者を支援する。

　上野谷は，災害ソーシャルワークは「災害が発生する前の減災・予防活動，発災後すぐの救出・避難期，避難所生活，コミュニティ再興期」などの段階によるニーズの違い，災害の規模，時期，種類，範囲，地域状況による被害の現れ方の違いによって，その内容が異なるとしつつも，災害時においてもソーシャルワークの目的や方法は，基本的には変わらないという立場を明確にしている。この点については，学生を中心とした災害ボランティアによる被災地支援を実践する山本克彦も同様に「難易度に幅はあっても，災害時ソーシャルワークは平常時ソーシャルワークの応用である」[13]と

主張している。

　このように論者によって多少のニュアンスの違いはあるが，いずれにせよ社会福祉実践の対象となる生活困難について，それが災害によってもたらされた場合，災害福祉，あるいは災害ソーシャルワークが起動するという理解は共通しているといえる。災害福祉の独自性は，生活困難をもたらす要因としての災害という側面とともに，生活困難の発生およびその解決のための支援過程を取り巻く環境（状況）としての災害という側面にも支えられている。今後，理論的な整理を進めるうえでは，こうした災害福祉を構成する諸要素ないしは諸側面の抽出と整理を基に，基本的な概念の精緻化が求められている。

2.3　災害福祉，災害時ソーシャルワーク実践の特徴

　災害時のソーシャルワークも平常時の実践と大きくは変わらないとされていることはすでに述べた。それを踏まえたうえで，ここからは平常時の社会福祉やソーシャルワーク実践との比較という視点から，災害福祉や災害ソーシャルワークの特徴を考えてみたい。ここでは両者を比べたときに違いがみられる点として，① 支援対象，② 支援者および支援環境，③ 支援の展開過程のあり方の 3 点に整理して考えていく。それぞれの点についてその特徴を整理すると以下のようである。

（1）支 援 対 象

　災害は多くの場合，突発的に発生し，きわめて短時間のうちに住民と地域に甚大なダメージを与える。このことは社会福祉にとっては，支援対象となる人びとが短い時間の中で急激に増量することを意味する。被災前は自立して生活をしていた多くの人が，災害によって生活上の問題を抱え，新たに社会福祉の対象となるのである。例えば，災害の影響で職を失った人，家屋が破壊され帰るべき家をなくした人，家族や大切な人を失って心に傷を負った人などが大量に生み出される。

　また，従来から福祉サービスを必要としていた住民は，災害によってより深刻な環境に置かれることで，もともともっていた生活上の問題が深刻化，あるいは複雑化し，さらに新たな課題を抱えることも少なくない。例えば，東日本大震災の被災地においても，発達障害のある子どもとその保護者が「まわりの迷惑になる」という理由で一時避難所から排除されたケースが，数多く報告されている。これはもともと社会福祉のニーズをもっていた個人や家族が，被災によってより一層重い課題を背負わされることになった事例といえる。

　災害福祉には，このような個別性，多様性をもった，支援ニーズの急激な増量に対応することが求められるのである。

（2）支援者・支援環境

　災害という環境下では，その種類や規模にもよるが，社会福祉専門職や専門職が所

属する福祉関係機関自体もダメージを負うことが想定される。また被害を受けて，支援活動を取り巻く環境も過酷なものとなる可能性もある。特に発災直後は支援に用いられる人的・物的資源が限定される中で，緊急性および時間的切迫性も伴ったソーシャルワークを展開しなくてはならない場面もあるだろう。支援する側の力が大きく削がれている状態，あるいは支援環境が過酷な条件での実践となることは，災害ソーシャルワークの大きな特徴であると考えられる。

（3）支援の展開過程

　次に災害時の支援の展開過程について考えてみよう。川上富雄は災害ソーシャルワークの展開過程について，①災害前段階，②救出・避難段階，③避難所生活段階，④仮設住宅生活段階，⑤復興住宅生活・自宅再建段階の5段階に整理している（表13-1）[14]。

　この表からわかるとおり，被災者の生活状況・ニーズの段階的変容，および被災地域の社会構造の段階的変容も見通しながら，その段階ごとに応じた適切な方法と内容を選択的に組み合わせて使用していくことになる。大島隆代は，災害ごとの様相の違い，地域特性の違い，個別ニーズの差異などによって被災者の生活再建にばらつきがあり，個人，家族，集団，地域，政策領域等の各レベルにおいて，支援やかかわりが

コラム　被災者に，どんな言葉をかけるべきか？

　東日本大震災の発生後間もなく，被災地でのボランティア活動に参加する人たちの事前研修会を開催したときのこと。ある一人の女子学生から「家や大切な人を失い，あらゆる希望を失っているかもしれない人に，自分はいったいどのような言葉をかければよいのか」と問われた。「大変でしたね」「がんばってください」──どんな言葉も，何か空虚に響いてしまうのではないか。場合によっては相手をさらに深く傷つけてしまうかもしれない。そんな風に悩んだ末の質問だったようだ。

　1995（平成7）年2月。高校生だった私は，東京から知人の運転する車で震災直後の神戸に入り，ボランティア活動に3週間参加した。救援物資の配布と，在宅避難のひとり暮らし高齢者を訪問する活動だった。全国から集まったボランティアたちとのテントでの交流，高齢者からかけられる感謝の言葉。助け合いの精神が充満する「災害ユートピア」の中で，私の気分は高揚していた。

　ボランティア仲間たちと被害の大きかったエリアを歩いていたとき，倒壊した戸建て住宅のそばで何かを探している若いカップルをみかけた。「どうかされましたか」と仲間の一人が声をかけると「ここ，自宅なんです。地震で壊れました。息子が亡くなったので，遺品を探しています」と答えた。まだ幼い息子を震災で亡くした若い夫婦だった。頭の中が真っ白になり，私は完全に言葉を失った。仲間たちと，ただ黙々と遺品探しを手伝った。その間中，彼らにかけるべき言葉を探し続けたが，結局何も浮かんでこなかった。あれから20年近く経つが，いまだに何といえばよかったのかはわからない。

　「被災した人にかけるべき言葉」など，おそらく存在しない。できることは，相手の悲しみや苦しみに心をとめようとすること，そこに寄り添いたいと願うことだけだ。そうした願いをもって相手に向き合うことができるかどうか。災害時でも平常時でも，「支援者」には常にそれが問われる。神戸での経験が，私に教えてくれたことである。

表13-1 災害に想定される被災者ニーズの時系列変化に対応したソーシャルワークの内容・方法

期時	想定される場面	災害ソーシャルワークの内容	災害ソーシャルワークで用いられる方法・機能	各段階における災害ソーシャルワークの特徴
災害以前	地域	①防災への関心喚起の啓発活動 ②災害に備えた住民の学習支援 ③住民活動を支援する諸資源の情報提供・斡旋・仲介 ④災害弱者の把握（常時更新） ⑤地域組織づくり	啓発・教育／組織化／ネットワーキング	・予防的視点
被災直後 ～1週間	救出・避難	①要援護者の安否確認・発見 ②発見した要援護者のサービスへの橋渡しとモニタリング ③葬儀の手配 ④必要物資の確保と供給 ⑤安全で衛生的な環境の保持 ⑥被災家屋等の片づけ・後始末（必要な物品の探索） ⑦～⑥を手伝ってくれるボランティア・NPO等（専門技術を持つ人を含む）の募集・確保・養成・配置・管理等のコーディネート全般 ⑧他支援組織や他専門職との連携，後方支援 ⑨生活・福祉相談窓口の設置と対応 ⑩被災を免れた専門機関・施設情報・専門職情報，また各種制度をはじめとする資源情報の収集や発信 ⑪生活保護や生活福祉資金の紹介・斡旋	アウトリーチ・ニーズキャッチ／アセスメント／プランニング／ネットワーキング／チームケア／コーディネート／資源開発／組織化／モニタリング／エンパワメント／アドボカシー／評価	・緊急対応 ・救命／生命維持 ・外部からの応援（ソーシャルワーク版「D-MAT」）
～半年	避難所生活			
～数年	仮設住宅生活	①コミュニティ再構築 ②見守り体制の構築 ③サロンづくりやサークルづくり等を通じた孤立や，ひきこもり・廃用症候群の防止 ④様々な社会資源の紹介・情報提供	アウトリーチ・ニーズキャッチ／アセスメント／プランニング／ネットワーキング／チームケア／コーディネート／資源開発／組織化／モニタリング／エンパワメント／アドボカシー／評価	・生活再建 ・自立支援 ・自己実現 ・尊厳重視 ・ニーズ拡散・多様化への細かな対応
～長期	復興住宅生活・自宅再建			

出典：川上富雄：災害ソーシャルワーク入門－被災地の実践知から学ぶ，中央法規出版，p.42（2013）を一部改変

時間的な経過に伴う状況変化の中で必要な支援やかかわりの内容・構造が変わっていく点に，災害時ソーシャルワークの特徴があることを指摘している[15]。また，いずれかの段階で平常時ソーシャルワークに接続・ソフトランディングしていくことになり，緊急対応時からそれを見越した支援展開が求められる点も，災害時ソーシャルワーク独自の特性といえよう。

3．今後の課題と展望

　以上，災害福祉，あるいは災害ソーシャルワークについて，その基本的な考え方と内容についてみてきた。すでに述べたように，日本で災害と福祉をめぐる理論と実践の体系化が本格したのは比較的最近のことである。

　東日本大震災を契機に，多くの被災地でソーシャルワーカーたちが災害ソーシャルワークの展開を試みており，その実践をソーシャルワークの分析枠組によって，後づけようとする研究報告もみられるようになっている[16], [17]。さらに，近年では特に災害支援NPOや司法領域の専門家を中心に「災害ケースマネジメント」[18], [19]の考え方が提唱され，注目を集めている。これは，住居のダメージのみに基づいた画一的なものになっていた従来の支援制度の枠組みを見直し，被災の状況やその影響を個別に把握して支援計画を立て，さまざまな支援施策を組み合わせて支援を実施していこうとする考え方である。

　人によって多様で複雑かつ重層的な被災経験に即して，適切な支援を提供していこうとする「災害ケースマネジメント」の視点は，これまで災害福祉や災害ソーシャルワークが目指してきた方向性とも重なるものである。こうした新たな動きも踏まえ，社会福祉領域からも今後の災害時の支援のあり方について活発な議論を積み重ねていく必要がある。

文　献

●引用文献
1)　立木茂雄：「災害ソーシャルワークとは何か」『月刊福祉』97（4），33（2014）
2)　災害時要援護者の避難対策に関する検討会：『災害時要援護者の避難支援ガイドライン』p.2（2006）
3)　藤井克徳：「東日本大震災と被災障害者〜高い死亡率の背景に何が〜JDFによる支援活動の中間まとめと提言（未定稿）」
4)　立木茂雄：「高齢者，障害者と東日本大震災：災害時要援護者避難の実態と課題」『消防科学と情報』111，7〜15（2013）
5)　トム・ウッテン，保科京子訳：『災害とレジリエンス―ニューオリンズの人々はハリケーン・カトリーナの衝撃をどう乗り越えたのか』明石書店，p.62（2014）
6)　古川孝順：『福祉ってなんだ』岩波ジュニア新書，pp.61〜62（2008）

7) 牧里毎治：「コミュニティを基盤とした復興支援」『ソーシャルワーク研究』38（1），4～15（2012）

8) 高島　進：「災害予防の可能性をいかすもの」『月刊福祉』48（9），27（1965）

9) 三浦　修：「災害におけるソーシャルワーク関連文献の検討」『新潟青陵学会誌』6（1），93（2013）

10) 西尾雄吾：「災害福祉の概念」西尾裕吾・大塚保信・古川隆司編『災害福祉とは何か－生活支援体制の構築に向けて』ミネルヴァ書房，p.8（2010）

11) 古川隆司：「災害支援の方法（総論）」西尾裕吾・大塚保信・古川隆司編：『災害福祉とは何か－生活支援体制の構築に向けて』ミネルヴァ書房，pp.66～67（2010）

12) 上野谷加代子：「災害ソーシャルワークの基本的な考え方」上野谷加代子監修，日本社会福祉士養成校協会編：『災害ソーシャルワーク入門－被災地の実践知から学ぶ』中央法規出版，pp.15～20（2013）

13) 山本克彦：「災害とソーシャルワーク：災害時の支援体制構築に関する一考察」『ソーシャルワーク研究』38（1），16（2012）

14) 川上富雄：「災害ソーシャルワークの展開」上野谷加代子監修，日本社会福祉士養成校協会編『災害ソーシャルワーク入門－被災地の実践知から学ぶ』中央法規出版，p.42（2013）

15) 大島隆代：「災害時支援におけるソーシャルワークの機能に関する研究」平成19年度日本社会事業大学大学院修士論文（2008）

16) 山田美代子：「福祉避難所における保健医療分野のソーシャルワーカーが果たした役割と機能：医療と福祉の連携による福祉避難所への後方支援」『ソーシャルワーク研究』38（1），23～31（2012）

17) 山田美代子：「越境するソーシャルワーカーとしてのアイデンティティ：災害ソーシャルワーク実践における支援者支援」『ソーシャルワーク研究』39（4），272～283（2014）

18) 津久井進：『災害ケースマネジメントガイドブック』合同出版（2020）

19) 菅野　拓：『災害対応ガバナンス』ナカニシヤ出版（2021）

●参考文献

・上野谷加代子：「東日本大震災を風化させないために－10年後を視野に入れた社会福祉の研究方法への提言」『社会福祉研究』116，23～31（2013）

・菅野道生「社会福祉学は災害にどう向き合うのか」『社会福祉学』53（1），140～143（2012）

・菅磨志保：「地域コミュニティによる災害対応と地域福祉」『月刊福祉』2005年1月号，44～47（2005）

・高澤武司・加藤彰彦編『福祉における危機管理－阪神・淡路大震災に学ぶ』有斐閣（1998）

・都築光一：「東日本大震災からみる社会福祉の課題」日本社会福祉士会・日本精神保健福祉士協会ほか共編：『躍進するソーシャルワーク活動「震災」「虐待」「貧困・ホームレス」「地域包括ケア」をめぐって』中央法規出版，pp.12～28（2013）

第 14 章

国際協力と多文化共生

　グローバル化の進む中，人，モノ，金，情報の移動は活発さを増している。それに従い，自国だけが安定していればそれですむのではなく，世界中のさまざまな国が互いに影響を及ぼし合う度合いも増している。日本は先進国として，これまで培ってきた技術や知識を，国際協力という形で海外の支援に生かしている。国レベル，民間レベル，個人レベルでのさまざまな動きがみられる。また，日本国内に目を向けると，その活動は国際協力から国際交流，さらには多文化共生へと広がりをみせている。日本で働くために来日・滞在する外国人も多く，滞在が長期化する中で結婚，子育て等を行う者も増えている。日本国内の多文化化が進んでいる中，多様な文化的背景をもつ人びとの地域での共生が課題となりつつある。

　本章では国際協力と日本における多文化共生についてみていきたい。

1. 国際協力

1.1　国際協力とは

　私たちはテレビ，新聞，雑誌などで世界の貧困，紛争，地球環境の破壊，児童労働など，さまざまな問題を目にする機会がある。それらの問題を自分の身近なものとしてとらえる機会はどれだけあるだろうか。現在，日本の食料自給率は38％（2019年度）であり，スーパーマーケットに行くと野菜などの生鮮食品から冷凍食品に至るまで，海外産をみかけることは珍しくない。国産の肉を食べていたとしても，肉類や牛乳・卵などの畜産物の飼料はほとんど輸入に頼っている現実がある。食料だけでなく，スポーツウェアなどの衣類，生活に欠かせないスマートフォンなども，原料や製造を海外に依存しているケースが多い。以前には，貧しい子どもたちによる強制労働でサッカーボールやスポーツシューズが製造されていると，海外の工場が告発された。

　日本に暮らす私たちの生活を，さまざまな国，そしてその国に暮らす誰かが支えている現状にもかかわらず，その人びとは貧困から抜け出せずにいる現実を知ること，さらには私たちができる小さな一歩を踏み出すことが，国際協力の第一歩となる。

1.2　国際協力を行う組織・機関

　国際協力を行う組織・機関には大きく分けて国際機関，政府，NGO がある。

　国家が構成員となり常設の事務局を有する国際機関のうち，国際連合を構成する六つの主要機関と補助機関，国際連合と連携関係にある専門機関を総称して国連機関

(United Nations organizations) という。国際平和と安全の維持，国際協力の達成を目的とする国際連合（United Nations：UN），長期的な国際的取り組みを行うことで食料の安全保障を達成し，世界の人びとが健全で活発な生活を送れるようにすることを目的とする国連食糧農業機関（FAO），飢餓と貧困の撲滅を使命に，短期的な問題への対応を活動の中心とする国連世界食糧計画（WFP），教育・科学・文化の協力と交流を通して世界平和と人類の福祉を促進することを目的とする国連教育科学文化機関（ユネスコ）(UNESCO)，すべての子どもたちの権利が守られる世界を実現するための活動を行う国連児童基金（ユニセフ）(UNICEF) などがある。

次に，政府または政府の実施機関によって行われる国際協力は政府開発援助（Official Development Assistance：ODA）とよばれる。開発途上国の経済と社会の発展，福祉の向上を目的に，資金・技術提供による協力を行っている。近年の動向は後に述べる。

NGO は，Non-Governmental Organization（非政府組織）の略称である。もともとは国連で政府以外の関係組織を示すのに使われていた。現在では，政府や国際機関とは異なる民間の立場から，開発・貧困，平和・人道，環境などの世界的な問題に対し，国境・民族・宗教の壁を越えて自発的に活動を行う非政府・非営利組織を指す場合に使われる。国際協力活動に取り組む NGO は，現在日本に 400 団体以上ある。1960 年代に誕生し，1970 年代終わりから 80 年代初頭にかけては，インドシナ難民への支援を活発に行った。その後 1990 年代には，国際的な問題に関心をもつ市民の増加に伴い，急増した。海外の現場への資金助成や緊急救援のみならず，政府や企業に対する提言，フェアトレード，地球市民教育などの国内活動も活発に行っている。

1.3　国際協力における近年の考え方と取り組み

国際協力における近年の考え方として人間の安全保障という考え方がある。

人間の安全保障とは，人間一人ひとりに着目して，人びとの生存と生活，その尊厳を守ることを目指す概念である。そしてその実現のために，貧困や自然災害といったあらゆる脅威から人びとを保護すること，そして，個々人がもつ可能性の実現を目指して，個人およびコミュニティの能力を強化するものである（図 14-1）。日本では現在，人間の安全保障を外交の柱の一つに位置づけて取り組みを行っている。

また，国連や各国政府など諸機関は，開発途上国の貧困問題解決を目指した取り組みとしてミレニアム開発目標（MDGs）を掲げていた。MDGs は 2015 年に期限を迎え，同年の「国連持続可能な開発サミット」において，新たに「我々の世界を変革する：持続可能な開発のための 2030 アジェンダ」が採択され，ポスト MDGs の目標として 15 年計画の持続可能な開発目標（SDGs）が発表された（表 14-1）。SDGs は，MDGs の残された課題および近年の新たな課題に対し，「誰一人取り残さない」を理念に，先進国・途上国の区別なく，あらゆる国々での取り組みを通して，社会・経済・環境面での「持続可能な開発」を目指すものである。

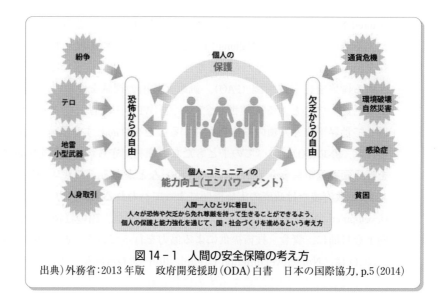

図 14-1　人間の安全保障の考え方
出典）外務省：2013 年版　政府開発援助（ODA）白書　日本の国際協力，p.5（2014）

表 14-1　持続可能な開発目標（SDGs）

目標 1	あらゆる場所のあらゆる形態の貧困を終わらせる	目標 10	各国内および各国間の不平等を是正する
目標 2	飢餓を終わらせ，食料安全保障および栄養改善を実現し，持続可能な農業を促進する	目標 11	包摂的で安全かつ強靱（レジリエント）で持続可能な都市および人間居住を実現する
目標 3	あらゆる年齢のすべての人々の健康的な生活を確保し，福祉を促進する	目標 12	持続可能な生産消費形態を確保する
目標 4	すべての人に包摂的かつ公正な質の高い教育を確保し，生涯学習の機会を促進する	目標 13	気候変動およびその影響を軽減するための緊急対策を講じる
目標 5	ジェンダー平等を達成し，すべての女性および女児の能力強化を行う	目標 14	持続可能な開発のために海洋・海洋資源を保全し，持続可能な形で利用する
目標 6	すべての人々の水と衛生の利用可能性と持続可能な管理を確保する	目標 15	陸域生態系の保護，回復，持続可能な利用の推進，持続可能な森林の経営，砂漠化への対処，ならびに土地の劣化の阻止・回復および生物多様性の損失を阻止する
目標 7	すべての人々の，安価かつ信頼できる持続可能な近代的エネルギーへのアクセスを確保する		
目標 8	包摂的かつ持続可能な経済成長およびすべての人々の完全かつ生産的な雇用と働きがいのある人間らしい雇用（ディーセント・ワーク）を促進する	目標 16	持続可能な開発のための平和で包摂的な社会を促進し，すべての人々に司法へのアクセスを提供し，あらゆるレベルにおいて効果的で説明責任のある包摂的な制度を構築する
目標 9	強靱（レジリエント）なインフラ構築，包摂的かつ持続可能な産業化の促進およびイノベーションの推進を図る	目標 17	持続可能な開発のための実施手段を強化し，グローバル・パートナーシップを活性化する

出典）国際連合広報センターホームページ：「我々の世界を変革する：持続可能な開発のための 2030 アジェンダ」（外務省仮訳）

1.4　日本の取り組み

　日本はこれまで60年ほど国際協力を行ってきた。支援を行う中で，途上国は日本に対し信頼感を高めてきた。現在日本は，ほかの国との関係も考えながら，ODAをより戦略的に展開することを求められている。

　2013（平成25）年は日・ASEAN（東南アジア諸国連合）友好協力の40周年だった。日本はこれまで，東南アジアに対しODAを通したインフラの整備，人材の育成を進めてきた。これは成長を重視するODAの取り組みであり，東南アジアの成長と政治的安定に貢献をしてきた。それを土台に近年は民間資金の流入が促進され，企業進出が進み，さらにはビジネスパートナーへとなっている（外務省，2014）。

　一方，アフリカとの関係も強化している。1993（平成5）年以降，日本が主導する形でTICAD（ティカッド：アフリカ開発会議）を開催している。2016（平成28）年のTICAD Ⅵは初めてアフリカ（ケニア）で開催され，経済の多角化，保健システムの促進，社会安定化の促進を優先的に取り組む，ナイロビ宣言が採択された。

　ODAの支出総額は，2019（令和元）年は約189億1,977万ドル（日本円で2兆631億円。前年に比べ円ベースで約8.3%増）であった。これは，アメリカ，ドイツ，イギリスに次いで第4位である。国の経済規模に対してODAに供与している割合を示す対GNI比率は，贈与相当額ベースで0.22%（2018年0.20%）[1] で，OECDの委員会の一つである開発援助委員会（DAC）加盟国29か国中第13位となっている。国際社会では各国0.7%のODA量の確保が求められており，日本の比率の低さは課題である。

　確かに，グローバル化が進展する中で，途上国は新たな市場として，また投資先として注目されるようにもなっている。途上国に流入する民間資金は，ODAで支出される金額よりも大きくなっている。だが一方，紛争・内戦が続く国もまた存在する。それらの国々は開発が進まず，人びとは厳しい格差の中で生活をしている。人間の安全保障という考え方のもとでの継続的な支援が，ODAには求められている。

1.5　連携・協力の進展と今後期待される役割

　現在日本では，政府，NGO，民間企業，自治体，大学など多様なアクターが途上国の開発にかかわっている。各アクターがそれぞれの専門性や資金を活用して，課題解決に取り組んでいる。政府，とりわけ外務省は近年，日本のNGOを不可欠なパートナーとして位置づけ，連携強化を図っている。また，ODAがそれぞれのアクターをつなぐことで，相乗効果が生まれている（外務省，2014）。

　国際協力NGOはそれぞれ明確なミッションを掲げ，自発的に途上国に赴くなど，政府による援助では対応しきれない草の根レベルでの支援を住民に対して行ってきた。こうした日本のNGOに対し，外務省は2002（平成14）年に日本NGO連携無償資金協力を設立し，2019年（令和元）年度には37億円の資金を62団体113件に供与している。活動分野は，教育・人づくり36件，医療・保健22件，農林業20件，防災12件となっている。例えば特定非営利活動法人ワールド・ビジョン・ジャパンは，カン

ボジアで「プレアビヒア州における母子保健・栄養・水衛生改善事業」を実施している。妊産婦や 5 歳未満の子どもの死亡率や栄養不良率が全国平均に比べ大変高い当地域で，保健センター職員等への母子保健に関する研修，乳幼児の栄養不良予防・改善のための親・保護者への知識伝達，給水システム建設とトイレ設置等を行っている。

　日本には，今後も人間の安全保障の考え方に基づく，途上国における支援が届かない人びとへの継続的な支援が期待されている。一方，一定程度経済的成長もみられるようになった中進国には，生活の質（QOL）向上のための協力が必要とされている。日本企業が発展させてきたマネジメント手法（5S，KAIZEN）の導入など，ソフト面での協力も充実してきており，今後も国際協力の展開と発展が期待されている。

2．多文化共生

2．1　多文化共生の背景と現状

　多文化共生という言葉を聞いたことがあるだろうか。これは，アメリカやオーストラリアなどの移民国ではなく，近年の日本で使われている言葉である。

　2020 年（令和 2）年末現在，日本には 288 万 7,116 人の在留外国人がいる。総人口に占める割合は 2.3%，国籍数は 194 に上る。国籍別にみると，中国は約 78 万人，ベトナムは約 45 万人，韓国は約 43 万人，フィリピンは約 28 万人，ブラジルは約 21 万人いる。日本に来日した理由や，滞在をする理由は国際結婚，ビジネス，留学などさまざまだが，長期の滞在または永住が可能な在留資格，例えば永住，定住，日本人の配偶者といった資格をもつ者は増加しており，2020 年末には全体の約 52% に上っている[2]。日本国籍を取得する者も 2020 年には約 9,079 人いた。国際結婚は 2019 年には 27 組に 1 組だった。両親のいずれかが外国籍または外国出身で，日本国籍をもつ子どもも多くいる。

　このように日本ではすでに，文化や言葉，制度の異なる国から多くの外国人が来日し，その滞在は長期化している。来日理由や滞在目的は多様であるにせよ，彼らの多くは地域で生活を営んでいる。彼らは乳児期から青年期，さらには老年期に至るまでの，ライフサイクルにおける多様な時期を日本で過ごすようになっている。その中で妊娠，出産，子育て，ときには大病にかかるなど，さまざまなライフイベントを経験している。日本で多文化共生という言葉が外国人支援団体や当事者団体，国・自治体によって使われるようになっているのは，このような現状による。

　多文化共生社会は「国籍や民族などの異なる人々が，互いの文化的ちがいを認め合い，対等な関係を築こうとしながら，地域社会の構成員として共に生きていく」社会と定義されている[3]。だが，多文化共生社会は，無意識的に，自然に実現する社会ではない。日本で生活する中で，外国人住民が抱える生活問題には，保育・就学，家族，医療・福祉，コミュニティ，情報・コミュニケーションなど，さまざまなものがみられる。そして，これらの生活問題は制度の狭間にあることも多く，ボランティアが中心となって支援を行ってきた。

2.2 生活を営む中での多様なニーズの発生とその背景

　日本に暮らす外国人住民を，オールドカマーとニューカマーに分けることがある。

　第二次世界大戦中に植民地としていた国から強制的に連行され，日本の炭坑などで働かせられたり，母国で土地や仕事を奪われて労働のために日本での生活を余儀なくされるなどし，戦後も引き続きさまざまな事情により日本で生活を営むこととなった者たちをオールドカマーとよぶ。その多くは韓国・朝鮮にルーツをもつ在日韓国・朝鮮人であり，現在は4世，5世の世代になっている。

　それに対し，主に1980年代以降増加した外国人は，ニューカマーもしくは新渡日

コラム　多様な文化的背景をもつ方たちの生活を支えるボランティアの取り組み

　K県に暮らすNさんは，1980年代に中国帰国者の生活支援を始めた。日本語支援や，子どもたちの学習支援，悩み相談，遠足や成人式などのイベントを行ってきた。中国帰国者の方たちの高齢化が進み，最近では集まって話せる居場所づくりにも力を入れている。中国帰国者の方たちは有志で，ボランティアの方たちのサポートを得ながらパソコンの学習をしてきた。年々パソコンを上手に使えるようになり，身につけたスキルを生かして中国料理のレシピ本を完成させた（写真1）。「自分たちの手で，自分たちの得意な料理を紹介したい」その思いと自信が，今度は，カフェレストランでの一日料理デイとして実現した（写真2）。その日は中国家庭料理のテキストに載せた肉饅頭，水餃子，中華餅等を提供し，大好評だった。今ではカフェの恒例企画となっている。

　そのカフェレストランは，2010（平成22）年にNさんが地域の人，日本語ボランティア，外国人住民たちとともに立ち上げたものだ。日本，中国，フィリピンなど文化的背景の異なる人たちが献立を考え，ともにキッチンでつくる作業は，料理の進め方やキッチンの使い方など，文化によって異なる「常識」と「常識」のぶつかりあいだ。だがその結果提供される日々のメニューはとてもおいしく，たくさんの常連ができ売り切れも続出している。障害のある人も働ける職場として，数名だが雇用をし，継続的な就労に向けてサポートをしている。

　Nさんは地域の中で生活する人たちのいろいろな困り事を，地域の人たちと一緒に支える活動をさまざまに行ってきた。ひとり暮らしの高齢者向けのお弁当宅配や，地域の見守り役である民生委員・児童委員活動，防災関連の委員などだ。グローバル化の進む中での国際交流，国際協力は，生活の中のふとした気づきから始まり，地域の人とかかわる中でより豊かに展開し，多文化共生社会へとつながっていくのではないだろうか。

写真1　自分たちでつくりあげた
　　　　中国料理のレシピ本
　　　　（提供）ユッカの会

写真2　一日料理デイの準備

　　　　（提供）ともしびカフェ ポエム'10

とよばれる。ニューカマー外国人の来日当初の滞在目的や在留資格，置かれた状況はさまざまである。中国帰国者とその家族，インドシナ難民，観光ビザで来日し労働を続ける非正規滞在者，親族訪問などを名目に来日し工場などで働く日系ブラジル人・ペルー人らとその家族，エンターテイナーとして来日し日本人男性と結婚し子どもを産んだフィリピン人女性などである。

　ニューカマー外国人の中には，母国と日本との経済格差を背景に労働力需要のある日本へと来日し工場などで働き，母国へと仕送りをしている者も多い。滞在の長期化に伴い治安のよい日本に家族を呼び寄せたり，日本人と国際結婚をするといった状況もみられる。そして，妊娠，出産，子育てなどを経験する者が増加した。すなわち，地域で生活を営む一人の生活者，地域住民としての側面がみられるようになった。

　しかし，日本語を十分に理解できなかったり，日本の制度について情報を得る機会がないために，失業や疾病，妊娠・出産などで支援が必要なときにも，利用可能な行政サービスにアクセスできないことがある。また，地域に居住する者として，ごみ出しなど日々の生活にかかわる行動を行っている。だが，ごみの捨て方や車の駐車ルールなどの，日本語で書かれた注意書きが読めない，多言語版の説明書が行政で発行されていても手元には届かず，結果不十分な理解のまま誤った対応を行うことがある。その結果，日本人住民との間に対立やコンフリクトが生じ，地域から孤立したり排除されることもある。分別の間違ったごみがあると，外国人である自分が出したと決めつけられてしまうとの声も聞かれる。これらは，日本で暮らす外国人住民の日本での生活を困難にする言葉の壁，こころの壁，制度利用の壁といえる。

2.3　社会福祉の視点からみる多文化共生社会実現に向けた課題

　このように日本の多文化化が進んでいく中，社会福祉分野でも文化的多様性に配慮した生活支援の必要性が指摘されてきた。総務省は多文化共生の推進に関する研究会報告書（2006年）で，今後必要な生活支援の取り組みとして「より専門性の高い相談体制の整備と人材育成」を提示し，外国人住民が抱える生活課題の解決に向けて，文化的背景の違いを踏まえた支援を行う人材として，多文化ソーシャルワーカーを例にあげている。また，厚生労働省は2008（平成20）年にまとめた「これからの地域福祉のあり方に関する研究会報告書」で，地域における多様な福祉課題のうち社会的排除の対象となりやすい者や少数者の中に，外国人をあげた。

　日本では現在，多様なニューカマーの滞在長期化，定住化により，生活者としての側面の多様化，生活課題の顕在化がみられるようになった。少子高齢社会の進展に伴う労働力不足を背景に外国人労働者の受け入れを増やすとの方針により，政府は2018（平成30）年12月25日に，「外国人との共生社会の実現に向けた総合的対応策」を発表，「暮らしやすい地域社会づくり」として「外国人が生活全般について相談できる一元的窓口『多文化共生総合相談ワンストップセンター』を全国100か所に整備すると掲げた。そして，2019（令和元）年6月には「日本語教育の推進に関する法律」

を公布，施行し，日本語教育を推進する責務を負う者として，国，自治体，事業主の3者を明示した。さらに2020（令和2）年には「日本語教育の推進に関する施策を総合的かつ効果的に推進するための基本的な方針」を策定するなど，国の取り組みも徐々に進みつつある。だが，インフォーマルな支援もフォーマルな支援もまだ，十分とはいえない現状がある。また，外国人住民を利用可能な支援団体や制度へとつなぐ人・組織も少ない。そうしたことから，地域における支援のネットワークを充実させることと，多文化ソーシャルワークの展開と組織化，制度化が必要とされている。外国人住民への生活支援の充実には，今後より一層，地域での多様な関連機関，支援者が日常的な顔のみえる関係づくりが求められる。それは社会福祉のすべての領域にまたがる課題であり，どのように支援するのかというソーシャルワークの課題でもある。

文　　献

●引用文献

1）外務省：「2020年版　開発協力白書　日本の国際協力　未来へ向かう，コロナ時代の国際協力」(2020)
https://www.mofa.go.jp/mofaj/gaiko/oda/files/100157805.pdf（2021年6月1日アクセス）

2）法務省：「令和2年末現在における在留外国人数について」(2021)
https://www.moj.go.jp/isa/publications/press/13-00014.html　（2021年6月1日アクセス）

3）総務省：「多文化共生の推進に関する研究会報告書」(2006)

●参考文献

・愛知県：「多文化ソーシャルワーカーハンドブック」(2011)
http://www.pref.aichi.jp/0000049304.html（2014年5月20日アクセス）

・外務省：「NGO データブック2016　数字で見る日本のNGO」(2016)
https://www.mofa.go.jp/mofaj/gaiko/oda/files/000150460.pdf（2017年8月20日アクセス）

・外務省：「2013年版　政府開発援助（ODA）白書　日本の国際協力　参考資料集」(2014)
http://www.mofa.go.jp/mofaj/gaiko/oda/shiryo/hakusyo/13-hakusho-sh/index.html（2014年5月20日アクセス）

・外務省：「国際協力とNGO　外務省とNGOのパートナーシップ」(2020)
https://www.mofa.go.jp/mofaj/gaiko/oda/files/100020773.pdf（2021年6月1日アクセス）

・国際開発ジャーナル社：『国際協力ガイド　2015』国際開発ジャーナル社（2013）

・三本松政之・坂田周一編：『はじめて学ぶ人のための社会福祉』誠信書房（2016）

・日本社会福祉士会編：『滞日外国人支援の実践事例から学ぶ多文化ソーシャルワーク』中央法規出版（2012）

索　引

〔編著者〕 (執筆分担)

金子 光一 (かねこ こういち)　東洋大学社会学部　教授　　　　　　　　序章・第1章

〔著者〕(執筆順)

圦 洋一 (あくつ よういち)　東京都立大学人文社会学部　教授　　　　第2章

後藤 広史 (ごとう ひろし)　立教大学コミュニティ福祉学部　准教授　第3章

山本 真実 (やまもと まみ)　東洋英和女学院大学人間科学部　教授　　第4章・第10章

本多 勇 (ほんだ いさむ)　武蔵野大学通信教育部　教授　　　　　　第5章

相馬 大祐 (そうま だいすけ)　福井県立大学看護福祉学部　講師　　　第6章

小櫃 俊介 (おびつ しゅんすけ)　一般社団法人 ORINAS　代表理事　　第7章

髙山 惠理子 (たかやま えりこ)　上智大学総合人間科学部　教授　　　第8章

岡田 哲郎 (おかだ てつろう)　東京通信大学人間福祉学部　助教　　　第9章

門 美由紀 (かど みゆき)　東洋大学人間科学総合研究所　客員研究員　第11章・第14章

小倉 常明 (おぐら つねあき)　東京通信大学人間福祉学部　准教授　　第12章

菅野 道生 (かんの みちお)　岩手県立大学社会福祉学部　准教授　　　第13章

Nブックス

新版　社会福祉概論〔第3版〕

2014年（平成26年）12月25日　新版発行～第2刷
2018年（平成30年）2月5日　新版第2版発行～第3刷
2021年（令和3年）10月5日　新版第3版発行

編著者　金 子 光 一
発行者　筑 紫 和 男
発行所　株式会社 建帛社
　　　　KENPAKUSHA

〒112-0011 東京都文京区千石4丁目2番15号
TEL (03) 3944-2611
FAX (03) 3946-4377
https://www.kenpakusha.co.jp/

ISBN 978-4-7679-0708-6　C 3036
幸和印刷／ブロケード
© 金子光一ほか, 2014, 2018, 2021.
Printed in Japan
(定価はカバーに表示してあります)